Index Fund and
High-Quality Development
of Listed Firms:

Based on Innovation and Corporate Social Responsibility

潘丽源 ／ 著

指数基金**与**上市公司高质量发展：

基于创新及社会责任视角

西南财经大学出版社

中国·成都

图书在版编目（CIP）数据

指数基金与上市公司高质量发展：基于创新及社会
责任视角/潘丽源著.--成都：西南财经大学出版社，
2025.3.--ISBN 978-7-5504-6471-1

Ⅰ.F830.59；F279.246

中国国家版本馆 CIP 数据核字第 2024YN0320 号

指数基金与上市公司高质量发展：基于创新及社会责任视角

ZHISHU JIJIN YU SHANGSHI GONGSI GAOZHILIANG FAZHAN：JIYU CHUANGXIN JI SHEHUI ZEREN SHIJIAO

潘丽源　著

策划编辑：何春梅
责任编辑：肖　翀
助理编辑：徐文佳
责任校对：周晓琬
封面设计：墨创文化
责任印制：朱曼丽

出版发行	西南财经大学出版社（四川省成都市光华村街 55 号）
网　　址	http：//cbs.swufe.edu.cn
电子邮件	bookcj@swufe.edu.cn
邮政编码	610074
电　　话	028-87353785
照　　排	四川胜翔数码印务设计有限公司
印　　刷	四川五洲彩印有限责任公司
成品尺寸	170 mm×240 mm
印　　张	12.75
字　　数	212 千字
版　　次	2025 年 3 月第 1 版
印　　次	2025 年 3 月第 1 次印刷
书　　号	ISBN 978-7-5504-6471-1
定　　价	78.00 元

前　言

截至 2022 年年底，以指数基金为代表的消极机构投资者管理的资产规模已突破 2.4 万亿元人民币，指数基金在中国市场的地位日益重要，这对中国上市公司来说究竟是好是坏？一方面，指数基金费率较低，可能难以覆盖主动干预公司治理所需的成本；另一方面，一般机构投资者可以在对公司不满时直接"用脚投票"，但指数基金因为无法随意卖出公司股份，所以与公司利益长期捆绑，只能选择干预公司。此外，也有许多学者提供了指数基金影响公司治理的经验证据。那么指数基金对于中国上市公司而言究竟意味着什么？指数基金能否影响上市公司决策？能否帮助公司实现高质量发展？

我国经济已由高速增长阶段转向高质量发展阶段是习近平总书记在党的十九大报告中的重要论断。此后，高质量发展的重要性一直被反复强调。2022 年，党的二十大报告也指出：高质量发展是全面建设社会主义现代化国家的首要任务。高速发展与高质量发展最大的区别在于，前者关注短期内经济发展的速度，而后者不再一味追求短期目标，转而注重长期内经济发展的质量。同时，经济的高质量发展又离不开微观经济主体的配合。上市公司作为市场内不可或缺的微观经济主体，在保证公司基本业务正常运营的前提下，只有站在长远发展的角度进行决策，在短期绩效和长期价值中选择后者，主动提升创新能力，积极承担社会责任，才能一直在行业中乃至世界上保持长期的可持续竞争优势，为中国经济的高质量发展奠定基础。

基于上述背景，本书选择创新和社会责任两个视角，研究指数基金对于上市公司高质量发展的影响。其实上市公司高质量发展包括多维度的内涵，但为了体现其相较于"高速发展"来说的特异性部分，本书选择了其中最能体现可持续发展的两个视角。而针对以指数基金为代表的消极机构投资者，已有研究更多地关注指数基金作为市场参与者对股票市场的影响，却较少有研究关注其作为机构股东对公司治理、决策方面的影响。而即便关注指数基金的治理作用，大部分研究也以欧美等发达国家市场作为研究对象，缺乏针对新兴市场样本的研究。中国市场的指数基金在近年来蓬勃发展，这为本书研究指数基金对于上市公司高质量发展的作用提供了极佳的样本。

前三章梳理已有文献后，本书的第四章和第五章都是实证研究章节，详细地从高质量发展中的公司创新视角和企业社会责任视角进行讨论。具体而言，第四章关注高质量发展范畴中的企业创新，使用 2007—2020 年沪深两市 A 股上市公司数据进行分析，有以下发现：①主要回归结果显示，指数基金持股比例更高，上市公司的创新能力更强，指数基金持股比例每增加 1 个单位，创新研发投入占比（RDr）与专利获取数量（PatentG）就分别增加 0.072 3 个单位和 0.031 7 个单位。②指数基金能影响上市公司创新的第一个途径在于，其持股比例更高的上市公司拥有显著更低的年度股票换手率和显著更高的内部机构投资者持股的稳定性，指数基金持股比例每上升 1 个单位，公司的年度股票换手率（Ytnor）及公司的机构投资者持股比例年内标准差（Isd）将分别显著下降 0.048 6 个单位和 0.337 个单位，较低的股票换手率以及更稳定的股东结构可以为上市公司的创新能力提供一个较为稳定的外部环境，提升公司创新能力。③指数基金可以影响上市公司创新的第二个途径在于，它作为长期持股的机构，更加注重企业的长期价值，可以忍受公司管理层短期内的表现平平，指数基金持股比例较高的上市公司，其管理层的离职率显著更低，其持股比例每上升 1 个单位，公司的管理层离职概率（TurnR）将会显著下降 0.313 个单位，较低的职业风险可以为管理层提供容忍失败的环境，有利于公司创新的发展。④研究不同子样本可以发现，指数基金对公司创新能力的积极作用，在民营企业、市场化程度较高地区的企业和行业创新紧迫性更高的企业中更为显著。此外，不同类型的指数基金对创新的影响同样存在异质性，那些本身规模较大、跟踪大盘股的指数基金，对于上市公司创新能力的正面作用也更加显著。

第五章关注高质量发展范畴中的企业社会责任，使用 2010—2020 年沪深两市 A 股上市公司数据进行分析，有以下发现：①主要回归结果显示，指数基金持股比例更高的上市公司拥有显著更高的社会责任报告披露意愿和第三方社会责任评级水平。②指数基金能提升企业社会责任的第一个途径在于,其持股期限较长的性质使其更加关注公司的长期价值而非短期绩效,这可能缓解公司管理层所面临的短期压力。指数基金持股比例更高的上市公司,其管理层的短视程度显著更低,其中,指数基金持股比例每上升1个单位,管理层的短视主义指数(Myopic_ adj)就显著下降0.018 3个单位。管理层的短视往往会导致企业为了达到短期绩效目标而牺牲长期投资,短视的缓解可以为企业的社会责任投资创造条件。③指数基金可以提升社会责任的第二个途径在于,其与分析师团队同为资本市场中的重要机构,共享信息时可以帮助所持股公司获得更高的分析师关注度:公司内的指数基金持股比例每上升1个单位,分析师关注度(AnaNum)则会显著提升0.113个单位。较高的分析师关注度可以为市场提供更多信息,企业出于竞争性考虑和声誉累积考虑,往往会选择提升公司的社会责任水平。④考虑到指数基金作用的异质性,本章发现指数基金对上市公司社会责任的正面效应在国有企业和行业内竞争激烈的企业中更为显著。

本书的创新性可以体现在以下几个方面:

第一,本书的研究首次基于创新及社会责任视角,为指数基金对上市公司高质量发展的积极效应提供了实证证据。指数基金是作为与主动管理基金相对应的金融创新出现的。作为一种低成本的投资组合资产,学者们更多地关注指数基金对股票市场的影响,较少关注其对公司治理、决策方面的影响。并且由于其被动管理和消极投资的特征,一些学者甚至对其治理作用有着悲观的预期,而本书的实证结论可以为指数基金相关研究提供全新的证据。

第二,本书提供了新的市场样本证据。目前关于指数基金对公司治理、决策影响的文献基本上都针对欧美发达国家,对中国这种新兴市场的研究非常少。本书的研究为所有对中国证券市场感兴趣的学者和国际投资者勾画了中国指数基金及其与上市公司高质量发展之间的关系,将有助于人们更加深入和全面地了解中国这样的新兴证券市场的运行规律和特殊性。

第三,本书对上市公司创新能力的相关研究进行了补充,进一步丰富了其经验证据。技术创新一直以来都是各个国家重点关注的问题,提升创新能力同样也是主要微观经济主体保持竞争力的重要途径,因此,如何提升上市公司的创新能力在学术界一直被广泛地讨论。已有研究已经论证机构投资者,如长期机构投资者、境外机构投资者能够显著提升其所持股公司的创新能力。本书首次从消极投资者的角度探讨了这一问题,同时为以指数基金为代表的消极机构投资者对创新的正面作用给出了相应的经验证据。

第四，本书对上市公司社会责任的相关研究进行了补充，进一步丰富了其经验证据。全球环境、社会问题日益突出，使得上市公司的社会责任愈发受关注，如何提升上市公司社会责任自然成为学者们一直关心的问题。机构投资者有潜力改变上市公司决策是学界的共识，已有文献证明了境外机构投资者以及长期机构投资者对企业社会责任具有正面作用。作为市场份额不断增长的机构投资者，指数基金在近十年来蓬勃发展，但其对企业社会责任的作用却很少受到学者的关注。本书首次从消极投资者的角度探讨了这一问题，为企业社会责任相关研究提供了新的实证证据。

潘丽源

2024 年 12 月

目　录

第一章　导论

以指数基金为代表的消极机构投资者在中国占据着越来越大的市场。截至 2022 年年底，指数基金产品数量已经突破 1 800 只，管理资产规模更是突破 2.4 万亿元人民币。指数基金在中国证券市场内占有越来越重要的地位，大量持有上市公司股份，这对于上市公司来说究竟是好是坏？

已有研究几乎已认同机构投资者在公司治理中的作用，现实中也不乏基金公司参与公司治理的案例：2010 年 3 月嘉实基金等否决双汇发展议案；2012 年 5 月鹏华基金等联手否决格力电器的大股东提案；2013 年 10 月易方达等 3 家基金公司向上海家化联合提名新董事；2014 年鹏华基金等否决华东医药大股东豁免历史承诺的提案；2019 年 6 月建信基金等 3 家基金向 ST 德豪提议罢免董事；2022 年 10 月中信建投基金反对青山纸业三项议案，等等。

而指数基金作为机构投资者群体中的一员，同时作为基金公司产品中的重要组成部分，其所选择的消极、被动投资策略，是会延续到其对待公司的态度中？还是说，指数基金会积极影响其所在公司，帮助作为经济高质量发展阶段中重要微观主体的上市公司实现公司的高质量发展？以上都是本书关注的重点。

为清晰地体现本书的研究内容与脉络，本章接下来的部分将对本书的相关内容做总体性介绍，具体内容安排如下：第一节梳理背景、意义，提出问题；第二节介绍本书的研究内容与研究思路；第三节呈现本书的创新点与不足之处。

第一节 问题的提出

一、研究背景与动机

本书探讨以指数基金为代表的消极机构投资者对上市公司高质量发展的影响，考虑到以下背景：为什么研究指数基金以及高质量发展的重要意义。

（一）为什么研究指数基金

机构投资者一直以来都是公司治理的重要参与者（Chen et al.，2015；Cheng et al.，2010；Chung et al.，2011；Ferreira et al.，2008；Harford et al.，2018；Kim et al.，2019；Wahal et al.，2000），他们可以通过"用手投票"选择干预+监督，或者"用脚投票"选择退出，这两种途径都可以帮助其解决公司代理问题，捍卫股东权利（Admati et al.，2009；Bharath et al.，2013；Kahn et al.，1998；Meckling et al.，1976；Schmidt et al.，2017）。

而以指数基金为代表的消极机构投资者并没有那么多选择，跟踪指数的本质决定了它无法像其他机构投资者一样，通过简单地卖出股票来捍卫自己的权利，只要它所跟踪的指数未曾剔除某个公司，它就将一直持有这个公司的股票。指数基金这个天然特质使得它对于上市公司的作用一直存在争议：

一方面，指数基金相较于主动基金而言，采用消极投资策略，收取更低的基金管理费，公然与公司管理层作对的成本较高（Gillan et al.，2000；Heath et al.，2022），较低费率难以支持其较高的成本（Bebchuk et al.，2019）。

另一方面，指数基金无法"用脚投票"，意味着它们的利益将会一直与投资组合内部的公司捆绑。因此，消极的投资策略并不代表消极的投资人，指数基金拥有积极参与和干预的动机（Benz，2017；Monks et al.，1995），也拥有影响公司决策的能力，可以参与代理投票（Iliev et al.，2015），提升公司的信息透明程度（Boone et al.，2015），缓解"搭便车"现象（Appel et al.，2019），提升公司的长期绩效（Appel et al.，2016）。

诚然，学者们在这方面的讨论未尽，意见也并不统一。而指数基金对于上市公司究竟具有怎样的影响？能否激发上市公司的高质量发展意识？能否提升公司的创新能力？能否改善公司的社会责任？以上都是本书着重关心的问题。

（二）"高质量发展"的重要意义

2017 年，习近平总书记在党的十九大报告中指出：我国经济已由高速增长阶段转向高质量发展阶段。此后，高质量发展的重要性一直被反复强调。2022 年，党的二十大报告也指出：高质量发展是全面建设社会主义现代化国家的首要任务。在此背景下，"高质量发展"的重要性和优先级不言自明。

自"高质量发展"目标被明确提出后，国内学者一直致力于构建衡量和评价高质量发展的具体标准。魏敏和李书昊（2018）提出了包含创新驱动发展、生态文明建设、经济成果惠民等十个方面的具体要求。张军扩等（2019）认为"高效""公平"和"可持续"才是高质量发展阶段的主要目标，并认为其具体体现在资源配置效率高、技术水平不断升级、绿色可持续发展等八个方面。金碚（2018）认为高质量发展依赖于政府的干预性、技术创新的驱动性等特征。众多学者的观点在细节上虽并未完全一致，但无一不体现"新发展理念"的内核——创新、协调、绿色、开放、共享。从追求短期的快速发展转而追求长期的可持续发展。

谈经济发展必然离不开市场的参与者。上市公司作为市场中重要的微观经济主体，在我国经济发展中的地位不可或缺，经济的高质量发展离不开它们的积极配合，而配合首先就需要上市公司实现自身的高质量发展。那么，它们又该如何实现自身的高质量发展？在国家对于经济高质量发展的要求下，公司本身的硬实力自不必说，也已经有大量的文献研究公司本身的产品、主营业务、财务绩效和市场反应。而在这些基本范畴之外，上市公司势必还需与新发展理念相契合，才能满足长期的可持续发展条件，其中，本书将会重点关注公司的创新能力和社会责任承担水平。

要实现企业长期的可持续发展，首先就需要考虑到企业的创新。能否持续保持领先的创新能力，是一个公司能否维持其市场长期领先地位的重要因素（Porter，1992）。而在最近 10 年，科技创新也前所未有地被中国政府所重视，习近平总书记在党的二十大报告中就强调：要把创新摆在国家发展全局的突出位置。国家强调以创新驱动高质量发展，创新体现的是经济体的技术进步与科研实力，上市公司作为国家经济体中不可忽视的微观组成部分，也是技术创新的主体，其创新能力的高低自然也是上市公司能否实现高质量发展的重要表征。

为什么关注社会责任？企业社会责任中所包含的环境绩效责任和员工关怀责任，同样可以呼应"绿色"与"共享"的理念，也可以被认为是上市公司高质量发展广泛内涵的重要表征。具体而言，企业的长期可持续发展离不开企业社会责任（McWilliams & Siegel，2011），因为它最终会以品牌形象等形式反哺企业，有利于企业的长期发展（Kim et al.，2019）。与此同时，经济的高质量发展伴随着价值的共享，最终受惠的还是广大人民群众，而企业正是经济发展与社会个体间的中间角色，价值共享意味着作为中间角色的企业在发展过程中更多地承担社会责任，不仅创造经济效益，而且创造社会、环境效益，惠及更多人民。因此，企业社会责任也理应是上市公司高质量发展的需要。

在这样的前提下，上市公司的创新特质和责任意识分别受什么因素影响，如何帮助上市公司实现高质量发展，也就自然而然地进入到本书的视野中。基于上述选题背景，本书使用上市公司指数基金持股的数据，探究指数基金持股比例的多少是否会对上市公司的高质量发展产生影响，这体现为公司创新是否受影响、公司社会责任是否受影响。进一步地，本书将会继续分析回归结果在不同子样本中的异同，并继续探究指数基金产生影响的途径和机制。研究逻辑见图1-1。

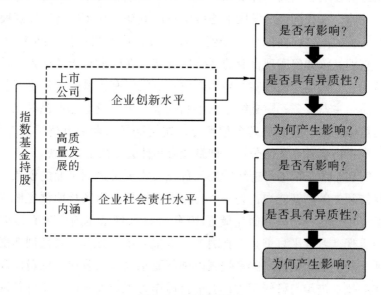

图1-1　研究逻辑图

二、研究意义

本书研究以指数基金为代表的消极机构投资者，对上市公司高质量发展范畴中公司创新能力以及社会责任承担两方面的影响。研究的现实意义主要有：

第一，从公司层面看，本书为上市公司高质量发展提供全新的可能。本书在国家强调"经济高质量发展"的背景下，从上市公司高质量发展角度出发，可以为经济发展中不可或缺的微观经济主体上市公司提供一些思考，有助于上市公司尽快摆脱"唯绩效论"的发展途径，缓解公司决策时可能存在的短视主义。

第二，从机构投资者角度来看，本书有助于其履行职责。本书的研究主体指数基金是市场内消极机构投资者的代表，发掘其对于上市公司高质量发展各方面的影响，有助于以指数基金为代表的消极机构投资者从全新的角度和视野进一步意识到自己作为公司股东，对于上市公司高质量发展各个方面的价值和意义，并在将来进一步履行好自己的职责。

第三，从政府及监管机构的角度来看，本书能为监管机构从各层面助力经济高质量发展提供新的思路。本书从公司的创新能力和公司的社会责任两个方面度量上市公司高质量发展的效果，或许能为政府进一步落实经济高质量发展的需求和路径提供新的思考，为监管机构从各层面助力经济高质量发展提供新的思路。

研究的理论意义体现在：

第一，本书丰富了机构投资者相关研究。现有研究关注并认可机构投资者的治理作用。已有研究从不同的角度考虑机构投资者异质性，论证了包括养老基金（Smith，1996）、保险公司（温军 等，2012）、共同基金（Rong et al.，2017）、风投机构（付雷鸣 等，2012）、境外机构（Luong et al.，2017）、对冲基金（Gantchev et al.，2019）在内的多种机构对于上市公司的作用。本书从消极机构投资者投资的视角出发，为不同类型机构投资者的治理效应提供了新的经验证据。

第二，本书丰富了公司创新相关研究。由于创新在公司长期保持竞争力方面的重要性，学界十分关注创新的驱动因素。在机构投资者领域，已有研究大多关注其他类型机构（Brav et al.，2018；Luong et al.，2017），或者是关注欧美市场内的情况。而本书从一个新的视角，即消极机构投资者的角度出发，用国内数据研究了公司创新驱动因素，为相关研究提供新的证据。

第三，丰富了企业社会责任相关研究。企业社会责任投入能在长期内为企业带来好处，包括提升声誉、降低风险，因而学界也关注企业社会责任承担的相关促进因素。作为市场份额不断增长的机构投资者，指数基金近十年来蓬勃发展，但其对企业社会责任的作用却很少受到学者的关注。本书从消极机构投资者的视角出发，探索了其在公司社会责任水平中的作用，为上市公司社会责任研究提供了新的实证依据。

第四，本书丰富了经济高质量发展相关研究。本书将经济的高质量发展铺开到上市公司层面，创新地从消极机构投资者的角度，较为全面地探究消极机构投资者能否助力上市公司高质量发展。

第二节 研究内容、技术路线与方法

一、研究内容选择

本书的主要研究内容为指数基金持股比例对上市公司高质量发展的影响，具体落脚到其对上市公司创新能力的影响和对企业社会责任的影响。之所以选择这两个视角作为切入点，主要基于以下三个方面的考虑：

（一）上市公司高质量发展的内涵

国务院副总理何立峰在《人民日报》专栏解读论述高质量发展是全面建设社会主义现代化国家的首要任务时，从七个方面总结了我国在推动高质量发展上取得的历史性伟大成就，其中包括：宏观经济治理、创新驱动发展、持续优化经济结构、深化改革开放、生态环境保护、增进民生福祉以及统筹发展和安全（何立峰，2022）。

学界也对高质量发展的内涵有诸多讨论。魏敏和李书昊（2018）提出了其包含创新驱动发展、生态文明建设、经济成果惠民等十个方面的具体要求。张军扩等（2019）认为"高效""公平"和"可持续"才是高质量发展阶段的主要目标，并认为其具体体现在资源配置效率高、技术水平不断升级、绿色可持续发展等八个方面。金碚（2018）认为高质量发展依赖于政府的干预性、技术创新的驱动性等特征。

目前而言，讨论"高质量发展"的相关文献仍以宏观经济评述或研究为主，学界对于经济高质量发展的定义、内涵进行了较多的讨论，可以肯定的是，经济高质量发展的内涵虽然丰富，但总体而言尚无定论。不过，众多学者的观点在细节上虽并未完全一致，但无一不体现"新发展理念"的内核——创新、协调、绿色、开放、共享，从追求短期的快速发展转而追求长期的可持续发展。

同样的情况也适用于上市公司的高质量发展。同宏观概念上的高质量发展类似，上市公司高质量发展的内涵在学界同样没有统一、标准的答案。不过，本书认为上市公司作为市场中重要的微观经济主体，在我国经济发展中的地位不可或缺，经济的高质量发展内涵落实到上市公司层面，理应没有较大偏移。因此，本书认为，上市公司高质量发展的内涵也应该与新发展理念相呼应，体现创新、协调、绿色、开放、共享的内核。

（二）上市公司高质量发展的衡量方式

前文提到，目前学界针对高质量发展的研究大多关注宏观经济结构方面，因而在高质量发展的衡量方式上选择以全要素生产率为主（刘志彪等，2020）。同样的情况也延续到了微观企业层面，部分学者在衡量企业高质量发展时，选择使用全要素生产率作为代理指标（李雄飞，2023；杨林 等，2019；张曾莲 等，2021）。

一般而言，全要素生产率是一种衡量企业或行业生产效率的指标，用其指代上市公司高质量发展具有合理的理论基础，然而如前文所言，上市公司高质量发展内涵丰富，也应当折射出创新、协调、绿色、开放、共享的内核，因而逐渐也有学者使用更综合的指标对企业高质量发展进行衡量。如范玉仙和张占军（2021）认为公司高质量发展内涵包括企业治理的高质量和企业产出的高质量，因而使用企业价值和企业创新能力两项指标综合衡量企业的产出质量，使用两权分离度、高管持股比例、税收负担三种指标综合衡量企业治理的高质量。许志勇等（2023）以新发展理念为指导，从财务绩效、市场竞争、技术创新、社会责任和制度创新等维度，建立综合指标体系，对企业高质量发展加以衡量。

还有学者不考虑全面地衡量上市公司高质量发展水平，而是在新发展理念的框架内，选择较小的切入角度，讨论上市公司高质量发展的一些侧面。如赵宸宇（2022）认为企业积极践行经济责任、环境责任、法律责任在内的社会责任是高质量发展的重要体现，故而选择企业社会责任承担作为探究上市公司高质量发展的切入点。肖土盛等（2022）认为以数字技术赋能实体经济创新发展是实现经济高质量发展的重要着力点,因而选择企业创新能力作为探究上市公司高质量发展的切入点。

（三）选择创新和社会责任视角的原因

如前文所述,上市公司高质量发展的内涵是丰富而多维的,创新和社会责任并不能囊括上市公司高质量发展丰富内涵的全部。但也正是由于高质量发展的内涵丰富,对于一个研究课题而言,很难做到面面俱到地讨论上市公司高质量发展,只能有所选择、有所侧重地破题切入、抛砖引玉。

无论是创新还是社会责任,都是上市公司高质量发展丰富内涵中的重要组成部分。这是由于无论是政府的指引性报告还是学界的学术性论述,高质量发展的内涵都与新发展理念的内核不谋而合,全面地体现了"创新、协调、绿色、开放、共享"的思想。国家强调以创新驱动高质量发展,创新体现的是经济体的技术进步与科研实力,上市公司作为国家经济体中不可忽视的微观组成部分,其创新能力的高低自然也是上市公司能否实现高质量发展的重要表征。而企业社会责任中所包含的环境绩效责任和员工关怀责任,同样可以呼应"绿色"与"共享"的理念,也可以被认为是上市公司高质量发展广泛内涵的重要表征。

本书之所以选择创新和社会责任作为研究切入点,主要是因为高速发展与高质量发展最大的区别在于,前者关注短期内经济发展的速度,而后者意味着不再一味追求短期目标,转而注重长期内经济发展的质量。落实到上市公司层面时,其作为市场内不可或缺的微观经济主体,在保证公司基本业务正常运营的前提下,只有站在长远发展的角度进行决策,在短期绩效和长期价值中选择后者,主动提升创新能力,积极承担社会责任,才能一直在行业中乃至世界上保持长期的可持续竞争优势,为中国经济的高质量发展奠定基础。

具体而言,为什么选择创新?要实现企业长期的可持续发展,首先就需要考虑到企业的创新。能否持续保持领先的创新能力,是一个公司能否维持其市场长期领先地位的重要因素（Porter,1992）。而在最近10年,科技创新也前所未有地被中国政府所重视,习近平总书记在党的二十大报告中就强调:要把创新摆在国家发展全局的突出位置。上市公司是技术创新的主体,公司创新能力的高低影响着公司能否在行业中乃至世界上保持竞争力,因此也必然是上市公司高质量发展的需要。

为什么关注社会责任?企业的长期可持续发展离不开企业社会责任

（McWilliams et al.，2011），因为它最终会以品牌形象等形式反哺企业，有利于企业的长期发展（Kima et al.，2019）。此外，经济的高质量发展伴随着价值的共享，最终受惠的还是广大人民群众，而企业正是经济发展与社会个体间的中间角色，价值共享意味着作为中间角色的企业在发展过程中更多地承担社会责任，不仅创造经济效益，而且创造社会、环境效益，惠及更多人民。因此，企业社会责任也理应是上市公司高质量发展的需要。

综上所述，本书选取创新和社会责任这两个维度作为理解上市公司高质量发展的部分内涵是具有理论及现实意义的。但并不意味着本书认为高质量发展仅仅只包含创新和社会责任维度，本书只是选取了高质量发展的这两个方面进行讨论。

二、具体研究内容

本书的主要研究内容为指数基金持股比例对上市公司高质量发展的影响，具体落脚到其对上市公司创新能力的影响和对企业社会责任的影响。为讨论这两个问题，文章严格按照规范分析以及实证分析的研究范式，梳理相关文献后提出假设，再验证假设。本书的具体内容安排如下。

第一章为前言，总体性地介绍文章的内容及思路。第二章为文献综述，对国内外的已有研究进行梳理、总结及评述。具体而言，文献综述部分从机构投资者整体研究现状、机构投资者与公司创新相关研究以及机构投资者与企业社会责任相关研究三个层次出发，对现有文献进行梳理，发掘已有研究的内在逻辑，为后文提供理论基础和研究思路。①在进行机构投资者文献梳理时，第一小节先对机构投资者进行总体性分析，着重关注学界对于机构投资者治理效应的探讨，分析发现除开一些小的争议，学界在机构投资者能影响公司决策及治理方面的观点几乎已达成共识，机构投资者往往通过"用手投票"辅以"用脚投票"的方式对公司进行干预。第二小节重点梳理指数基金作为上市公司股东，在不能"用脚投票"的情况下，能否以及如何影响公司治理，分析发现学界对指数基金治理效应仍有争议，且国内相关研究相对较少，有进一步研究的空间。②在梳理机构投资者与公司创新的文献时，着重分析机构投资者为何影响公司创新。发现不同机构投资者对公司创新的影响各异，但具有较长持股期限的机构投资者由于可以缓解公司的短视，有能力提升公司的创新水平。③在梳理机构投资者与公司社会责任相关研究时，着重分析已有研究的思路，在总结企业社会责任对于公司价值的基础上，分析机构投资者会如何影响公司的社会责任。又发现机构投资者是为了降低企业风险，提升公司的长期价值。在创新方面和社会责任方面，探讨指数基金作用的相关研究较少，具有一定研究空间。

第三章为指数基金相关介绍，明确本书所研究的指数基金范畴，介绍指数基金如今在国内的市场份额、规模，讨论指数基金现有的相关争议，详细分析指数基金对上市公司高质量发展的潜力。本章分析与第二章综述的区别在于，第二章重点关注相关研究使用的方法、测度、时间先后以及具体研究内容所展现出来的逻辑脉络，而第三章的分析则侧重从已有文献中提取出来的有关指数基金的治理争议、潜在动机以及治理证据。

第四章为本书的第一个实证研究模块。本章主要探讨指数基金在公司内持股的多少对公司创新能力的影响，可以分为五个步骤。①研究指数基金对公司创新投入与产出的总体影响：首先，解释变量使用"指数""综指"等关键词在基金名称中进行识别，计算公司内指数基金的持股比例。其次，被解释变量使用公司创新研发投入额占公司总资产比例（RDr）衡量本章创新投入，使用公司下一期的专利授权数据（PatentG）衡量公司创新产出。最后，通过固定效应模型研究指数基金所有权对公司创新投入与产出的影响。②探讨指数基金对于创新的作用效果在不同子样本中有何异同：从股权性质、行业创新紧迫性以及注册地市场化程度分别探讨指数基金作用效果的异质性，分组回归并检验组间系数差异。③分析为何指数基金能影响公司创新：发现指数基金的存在可以缓解公司管理层面临的市场、职业压力，为公司创新提供土壤。④使用工具变量、增量模型等方式处理潜在内生性。⑤运用改变创新的衡量方式、考虑更长时期内的作用、考虑专利中的实质创新以及排除沪深 300 指数影响等方法为研究提供稳健性检验。第四章的主要研究逻辑如图 1-2 所示。

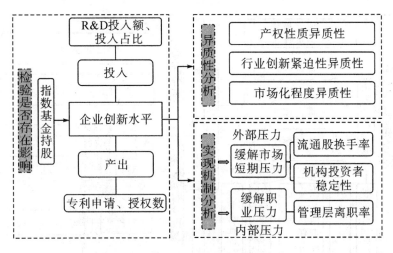

图1-2 第四章研究逻辑图

第五章为本书的第二个实证研究模块。本章主要探讨指数基金在公司内持股的多少对公司社会责任水平的影响，主要可以分为五个步骤。①研究指数基金对公司社会责任内在评价和外在评价的总体影响：首先，使用"指数""综指"等关键词在基金名称中进行识别，计算公司内指数基金的持股比例，作为实证研究的解释变量。其次，社会责任内在评价指标为是否披露独立企业社会责任报告（Disclose）；外在评价指标选用和讯网社会责任评分数据（CSRhx）。最后，通过回归分析分别研究指数基金持股比例对于公司社会责任内在评价和外在评价的影响。②探讨指数基金对于企业社会责任的作用效果在不同子样本中有何异同：本章从股权性质和行业竞争性的角度分别探讨指数基金作用效果的异质性。③分析为何指数基金持股可以影响到公司的社会责任水平：发现指数基金的存在对内可以缓解公司管理层的短视，对外可以吸引分析师关注，这有利于公司加大社会责任投资和提升评价。④使用PSM、工具变量、增量模型等方式对可能存在的内生性问题进行处理。⑤通过运用其他方式衡量上市公司社会责任、考虑更长时期内的作用、考虑不同时间段的作用、社会责任报告的非强制披露、排除沪深300指数影响等方法为研究提供稳健性检验。第五章的主要研究逻辑如图1-3所示。

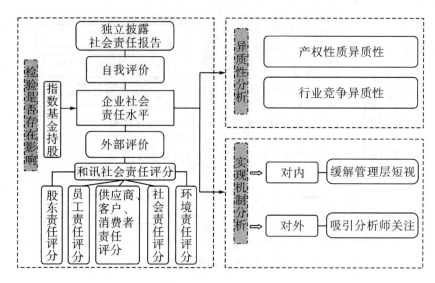

图1-3 第五章研究逻辑

第六章得出研究结论并提出政策建议。

三、技术路线与研究方法

本书技术路线如图1-4所示。

本书使用的研究方法已在技术路线图的右侧详细列出，主要采取理论分析和实证分析相结合的研究方法。

理论分析部分采用文献梳理法。在研究问题具体实施之前，本书将会对相关的文献进行较为全面的梳理。实证分析部分使用科学、常用的计量分析方法，包括但不限于面板固定效应模型、OLS估计模型、Logit回归模型、两阶段最小二乘（IV工具变量估计）、增量模型、分组估计以及组间系数差异检验等。各实证模块具体研究模型详见相应章节中模型设计部分。

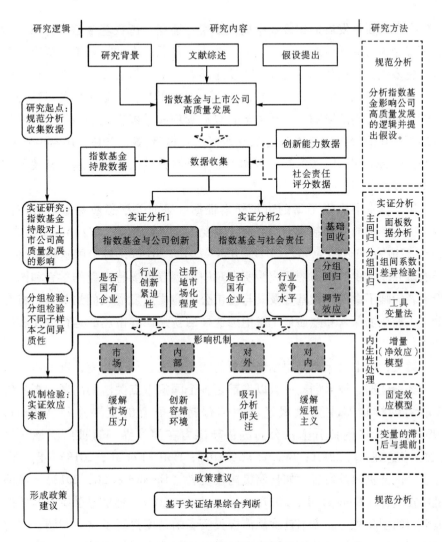

图 1-4　总体技术路线图

第三节　研究的创新与不足

一、本书的创新点

本书的贡献主要体现在：

第一，本书的研究创新性地基于创新及社会责任视角，为指数基金对上市公司高质量发展的积极效应提供了实证证据。指数基金是作为与主动管理基金相对应的金融创新出现的。作为一种低成本的投资组合资产,学者们更多地关注指数基金对股票市场的影响(如:张维 等,2020;Glosten et al.,2021;Israeli et al.,2017;Stambaugh,2014),较少关注其对公司治理、决策方面的影响。并且由于其被动管理和消极投资的特征,一些学者甚至对其治理作用有着悲观的预期(如:杨青 等,2019;Heath et al.,2022;Schmidt et al.,2017),而本书的实证结论可以为指数基金相关研究提供全新的证据。

第二,本书提供了新的市场样本证据。目前关于指数基金对公司治理、决策影响的文献基本上都是对欧美发达国家的研究(如:Appel et al.,2016,2019;Hshieh et al.,2021;Iliev et al.,2015),对中国这种新兴市场的研究非常少。本书的研究为所有对中国证券市场感兴趣的学者和国际投资者勾画了中国指数基金及其与上市公司高质量发展之间的关系,将有助于人们更加深入和全面地了解中国这样的新兴证券市场的运行规律和特殊性。

第三,本书对上市公司创新能力的相关研究进行了补充,进一步丰富了其经验证据。技术创新一直以来都是各个国家重点关注的问题,提升创新能力同样也是主要微观经济主体保持竞争力的重要途径(Porter,1992),因此如何提升上市公司的创新能力在学术界一直被广泛地讨论(如:林志帆 等,2021;Brav et al.,2018;Harford et al.,2018)。已有研究已经论证机构投资者,如长期机构投资者(Harford et al.,2018)、境外机构投资者(Bena et al.,2017;Luong et al.,2017)能够显著提升其所持股公司的创新能力。本书首次从消极投资者的角度探讨了这一问题,同时为以指数基金为代表的消极机构投资者对创新的正面作用给出了相应的经验证据。

第四,本书对上市公司社会责任的相关研究进行了补充,进一步丰富了其经验证据。全球环境、社会问题日益突出,使得上市公司的社会责任愈发受关注,如何提升上市公司社会责任自然成为学者们一直关心的问题。机构投资者有潜力改变上市公司决策是学界的共识,已有文献证明了境外机构投资者(Dyck et al.,2019;Li et al.,2021)以及长期机构投资者(Kim et al.,2019;Neubaum et al.,2006)对企业社会责任具有正面作用。作为市场份额不断增长的机构投资者,指数基金在近十年来蓬勃发展，但其对企业社会责任的作用却很少受到学者的关注。本书创新性地从消极投资者的角度探讨了这一问题，为企业社会责任相关研究提供了新的实证证据。

二、本书的不足与展望

本书围绕指数基金与上市公司高质量发展，探索指数基金持股比例对于上市公司创新能力以及社会责任承担水平的影响，就本书所选择的时间段和样本而言，指数基金持股对于上市公司创新能力方面和社会责任水平方面都具有积极的影响。

本书对指数基金可能影响上市公司创新水平和社会责任水平的途径进行了探索，找到了指数基金缓解公司短视、提升公司机构投资者稳定性、缓解公司市场压力等多方面有利于公司创新能力或企业社会责任水平的证据。但尽管如此，由于与美国证券市场不同，中国国内并不强制要求各大基金公司披露其参与股东大会、投票表决等具体信息，也不强制其披露与公司管理层私下沟通的信息，因此本书并不能找到直接的证据证明指数基金直接参与了公司的治理，只能从侧面反映指数基金直接或间接地在公司的这些方面产生了影响。在日后相关指引、规章、法律进一步完善的条件下，本书还可以继续往前延伸，探寻指数基金是否存在直接干预公司治理的动作，探究指数基金为上市公司带来的影响主要通过哪些具体的途径直接释放。

在上市公司高质量发展方面，本书主要从企业创新能力和企业社会责任水平两个方面进行研究，但公司高质量发展的内涵肯定不局限于此，指数基金对于上市公司其他方面具有什么样的影响，是正面的还是负面的影响，都有待进一步研究。不能因为指数基金在创新和社会责任方面可以对上市公司起到积极的作用，就对以指数基金为代表的消极投资者抱有全然乐观的看法，相关研究依然需要抱有怀疑、审慎的态度进一步检验指数基金之于上市公司的作用。

第二章　相关文献综述

第一章详细阐述了研究背景、意义及具体思路，阐明本书关注指数基金对上市公司高质量发展的意义。由于本书研究选择高质量发展范畴内的企业创新视角和企业社会责任视角，本章将会从机构投资者相关文献（第一节内容）、机构投资者与公司创新（第二节内容）、机构投资者与公司社会责任（第三节内容）三个层次对已有文献进行梳理，厘清各个部分的逻辑脉络并给出相应评述。

第一节　机构投资者相关研究脉络

本节首先从整体出发分析机构投资者相关研究的进展，随后再着重分析近年来消极机构投资者相关研究的具体内容。

一、机构投资者相关研究

作为市场中的重要参与者，机构投资者饱受学界关注。国内外的研究大致可以分为两条脉络：一条关注机构投资者之于资本市场的影响，另一条则关注其对公司的影响。由于本书主要关注指数基金作为消极机构投资者对于上市公司高质量发展的影响，本小节梳理的重点也放在机构投资者的治理作用上，重点分析过去 40 年内影响力较高的国内外文献。

1932 年，伯利（Berle）和米恩斯（Means）提出两权分离，即"经营权"归公司管理层所有而"所有权"归属于公司股东，在学界打开了研究代理问题的大门。这类信息的不对称导致公司管理层基于个人利益最大化做出的决策可能违背股东利益（Meckling et al.，1976）。此时，好的治理结构想要确保管理层做出符合股东利益的决策，则需要对其进行监督，缓解信息不对称现象，提升公司的长期价值。

接下来将首先梳理对机构投资者治理作用抱有消极态度的文献，其次总结认同机构投资者治理作用的文献，最后对已有文献的内容、研究方法、国内外研究差别等具体研究脉络进行评述。

（一）部分学者否认机构投资者的治理作用

机构投资者在公司内持股比例的逐渐上升，引来了学界一些质疑的声音。质疑主要由于一些学者认为机构投资者具有短期化特征，为了向客户展现其业绩实力需要追逐短期利润。短期化、交易频繁的机构投资者可能恶化其投资公司的短视情况（Graves et al.，1990；Porter，1992），不利于公司的治理。或者是他们认为机构投资者不可避免地会和管理层存在利益关联或利益冲突，相比于"监督"管理层而言更有可能出现"合谋"的现象。

1990 年，格雷夫斯和瓦多克（Graves & Waddock）的研究通过分析数据发现美国的投资者具有很强的短期投资意愿，而相较于个人投资者，机构投资者交易更频繁，其短期投资行为更为严重。从 1965 年到 1985 年，市场年平均换手率从 16% 上升到了 54%，与市场换手率同时攀升的还有机构投资者所占据的市场份额。在这种短线交易频发的投资策略下，作者认为机构投资者不仅不能提升公司治理水平，甚至还会使公司的投资行为变得短期化，恶化公司的短视主义，忽略公司的长期发展。

1996 年，瓦哈尔（Wahal）的研究发现机构股东与公司绩效之间不存在显著关系。作者认为这是由于机构股东不甚看重长期价值，而是追求短期目标。

潘越等（2011）使用 2004—2008 年 A 股公司数据，探讨机构投资者和管理层"合谋"的可能性。发现机构持股比例更高，管理层因绩效差而被撤职的可能性更低，这说明机构投资者在高管更替方面可能存在与管理层合谋的现象。

2013 年，哈姆达尼和亚菲（Hamdani & Yafeh）使用以色列上市公司的议案投票数据，试图回答当机构投资者作为公司的中小股东时是否能够减少第二类代理问题。研究发现即使法律赋予中小股东投票权，机构投资者也很少对内部人士发起的提案投反对票，这是由于机构投资者往往与公司内部人员具有利益关系。因此他们认为，如果不解决利益冲突，即使赋予小股东权力也难以解决第二类代理问题。

2022 年，程（Cheng）等人注意到市场内机构投资者存在共同持股的现象，即同一家机构同时持有同一个行业内两家以上公司的5%以上的股权。研究关注这样的现象是否有利于公司的社会责任承担，研究发现由于企业社会责任是提高公司竞争力的关键，为了保证投资组合价值的最大化，机构往往希望组合内公司减少竞争，因此，共同持股的现象将会不利于公司的社会责任投资。

同样是2022年，程（Cheng）等人以企业社会责任为切入点，研究机构投资者中风险投资（Venture Capital，VC）对于中国公司治理的影响。研究发现VC退出后，其原先支持的公司社会责任绩效将会有所改善，进一步的分析表明，这种效应在很大程度上是由缺乏经验、表现不佳、声誉不佳的VC推动的。

（二）更多学者认同机构投资者的治理效应

由于持股比例较高、专业性较强、信息优势较大，机构投资者在监督公司管理层、提升公司治理方面一直被寄予厚望。认同机构投资者监督作用的研究认为其较高的持股比例代表其较高的预期收益。他们既有经济激励又有现实条件（较大的投票权）监督管理层（Shleifer et al.，1986），而机构投资者同时具有优质信息资源和渠道，加之本身的专业性，可以帮助公司提升信息透明度和信息披露质量（Bushee，1998；Chung et al.，2002），最终提升公司的治理情况。

具体而言，1986年什莱弗尔和维什尼（Shleifer & Vishny）通过建立理论模型，分析得出当公司内全是持股比例较低的小型股东时，没有人有动机对公司的管理层进行监督；而当公司内出现持股比例较高的股东时，公司内的"搭便车"（free-rider）现象可以得到缓解，进而公司的价值可以得到提升。这也是后来关于机构投资者可能影响公司治理的理论基础，由于20世纪80年代美国市场内存在热情高涨的收购浪潮，学者们在这个阶段的研究大都集中于讨论机构投资者与并购间的关系。

例如，1987年贾雷尔和波尔森（Jarrell & Poulsen）在研究反收购修正案对公司价值的影响时考虑了机构投资者的作用。研究发现当修正案内提出的价格水平并不公允时，修正案的公布对公司价值具有显著为负的影响。通过进一步分析此类有害的修正案，作者发现通过此类修正案的公司往往具有更高的内部人持股比例和更低的机构投资者持股比例，很好地说明了机构投资者在阻止或可有损股东利益的议案中起到了监督作用。

布里克利等（Brickley et al.）1988年的研究进一步论证了机构投资者

在反收购修正提案中的监督作用。研究使用 1984 年提出过反收购修正案的 201 家公司作为研究样本，在分析其在当年提出的 308 个反收购议案的详细投票情况后，发现大股东（含机构和非机构）相较于其他小股东而言投票更积极。同时发现那些受管理层影响较小的机构投资者①相较于与管理层存在利益关系的机构②而言更有可能公开反对管理层的议案。

1991 年，科菲（Coffee）在监管和法律层面论述了机构投资者作为公司治理监督者的可能性，综合前人的研究，科菲提出了机构投资者监督公司治理的前提：①持有公司的大量股份；②与管理层不存在利益关系和利益冲突；③持股期限较长，即不存在短期化、频繁交易的可能。机构投资者满足这些条件则很有可能在公司治理中发挥积极的监督作用。

1996 年，史密斯（Smith）的研究使用加州公务员退休基金（CalPERS）作为研究对象，梳理了该养老基金的股东积极主义行为，并跟踪分析其在 1987—1993 年实施股东积极主义的 51 家公司的后续表现。研究发现，被该养老基金投资且积极管理的公司中，有 72% 的公司在 1988 年之后采纳了 CalPERS 的提议或做出了改变，从而与加州公务员退休基金达成和解。这些妥协的公司最终价值上升，而拒绝的公司股东财富减少。

1998 年，布希（Bushee）的研究验证了机构投资者对管理层短视的缓解作用，发现机构投资者所有权越高的公司，通过减少创新研发投入来满足短期收入目标的可能性越低。随后布希也考虑了机构投资者的持股期限，发现短暂机构投资者（transient）比例的上升将会扩大管理层短视决策的可能。

钟（Chung）等人在 2002 年找到盈余管理作为公司治理的代理指标，研究机构投资者对于公司治理的影响。他使用 1988—1996 年的美国公司作为研究样本，研究发现当高管具有增加或减少报告利润的动机时，大量持股的机构股东可以减少公司盈余管理。研究认为机构投资者有信息优势，可以有效监督公司管理层并识破其伪装。

哈泽尔和斯塔克斯（Hartzell & Starks）在 2003 年研究了 1992—1997 年标普上市公司，发现机构投资者持股集中度对高管薪酬结构具有显著影响。具体而言，集中度和高管的绩效薪酬敏感性呈显著正相关，和高管的薪酬水平间的相关性则显著为负。认为机构投资者可以减少第一类代理问题。

---

① 如共同基金和养老基金。
② 如银行、保险公司和信托公司。

2004 年，白（Baek）等人使用韩国 1997 年金融危机的数据进行分析，发现独立的外国投资者持股比例较高的公司，其股票价值下降幅度较小。同时，信息披露质量较高和有其他外部融资来源的公司受到的影响也较小。由于危机期间的价值下降多少是公司治理情况的直观反映，这说明境外机构投资者具有更有价值的监督效果。

直到 2005 年左右，国内学者才关注机构股东的治理作用。王琨和肖星（2005）以关联方占用资金作为切入视角，讨论机构投资者的治理监督作用，找到了国内机构股东参与治理的证据。

程书强（2006）首次以中国国内上市公司的会计盈余信息作为研究对象，认为机构投资者可以抑制盈余管理，提高盈余信披准确性，提升公司治理水平。

吴晓晖和姜彦福（2006）以独立董事的治理效率作为切入点，对 2000—2003 年沪、深两市全部 1 289 家上市公司的数据进行分析，发现独立董事制度推行建设可受益于机构股东。

张纯和吕伟（2007）则是从企业的融资约束入手，选择 2004—2006 年公司数据，使用交互项的方式研究机构投资者持股比例对于企业现金对现金流敏感度的影响。研究发现，机构持股比例上升可显著降低敏感性，认为这减少了企业融资约束。

科赫（Koh）2007 年的研究虽然同样选择盈余管理作为公司治理情况的代理变量，侧重点却在机构股东不同的投资期限。研究发现长期机构投资者可以抑制公司的盈余管理行为，而短期机构投资者只有在那些有能力又有动机进行盈余管理的公司内才会加强盈余管理。和之前的相关研究相比，科赫的研究考虑了机构投资者的投资期限对于结论的影响。

布拉夫（Brav）等在 2008 年从股东积极主义的视角研究了对冲基金（hedge fund）对于公司治理的意义。他使用 2001—2006 年采取积极动作的对冲基金作为研究对象，发现美国国内践行股东积极主义的对冲基金在大多数情况下不采取对抗性行动，而是为公司提出了战略、操作和财务补救措施，并且这些提案有三分之二都获得了成功或者部分成功。公告前后公司的异常回报率约为 7%，且在随后的一年里没有逆转。可以认为对冲基金为机构投资者监督公司、提升公司治理水平提供了有力的支持。

薄仙慧和吴联生（2009）也选择盈余管理作为研究对象，但区分了正向和负向的盈余管理。作者选择 2004—2006 年的上市公司样本，发现机构股东只能降低民营企业内正向盈余管理，而不能影响其他类型盈余管理。

王雪荣和董威（2009）分析发现机构投资者于公司绩效无用。进一步分析公司内前十大股东中机构比例，发现其对公司绩效存在显著为正的作用，同时，其与管理层薪酬之间的关系显著为负。说明机构投资者只有持有够多股份时才会积极参与监督治理。

2010年，埃尔铁穆尔等（Ertimur et al.）使用1997—2004年获得多数票的股东提案（majority voting shareholder proposal）作为研究对象，发现相对于董事会最后没有实施获得多数票提案的公司而言，实施了的公司具有更高的机构持股比例。由此可以认为，机构投资者的存在缓和了股东和管理层之间的冲突，加强了董事会的治理功能。

2010年，阿格瓦尔等人（Aggarwal et al.）使用国际数据分析国外机构投资者的治理作用。发现国外机构投资者持股比例更高的公司往往具有更高的治理水平，认为外国机构可以推动上市公司改善治理结构。

于忠泊等（2011）的研究以盈余管理为切入点，研究了媒体关注对于公司治理的影响，发现媒体关注带给公司市场压力，会让上市公司选择进行应计利润项目的盈余管理来满足绩效目标。不过当媒体关注度更高时，管理层进行基于真实活动的盈余管理的程度显著更低，这代表管理层不会牺牲企业的长期发展。这种对真实活动的盈余管理的抑制作用在机构投资者持股比例更高时更明显，即机构投资者可以进一步缓解管理层的短视行为。

陆瑶等（2012）从公司违规行为入手。发现机构投资者的存在不仅可以降低违规倾向，还会增加公司被稽查的可能。进一步地，作者对不同类型的机构投资者进行分类讨论，发现证券机构投资者的治理作用不及养老基金等。

邓川和孙金金（2014）在境外机构投资者数量日益增长的背景下，以企业融资约束作为切入点，首次讨论了中国市场内国外机构投资者（QFII）的治理作用。选择2010—2012年进行分析，发现QFII持股减少了民营公司融资约束。

2015年，布恩和怀特（Boone & White）从信息不对称的角度出发，使用Russell1000/2000指数的重构形成外生冲击，每次指数调整后，从罗素1000指数调入罗素2000指数的公司将会外生地获得更高的机构投资者持股水平，发现机构持股比例能带来分析师关注，从而可以缓解公司的信息不对称现象，提升公司的治理水平。

李争光等（2015）考虑公司会计稳健性，研究使用 2007—2012 年上海、深圳证券交易所内的 A 股上市公司样本，发现稳定型机构投资者能有效缓解公司的代理冲突、降低信息不对称程度，发挥积极的公司治理作用。

2017 年，贝纳（Bena）等人的研究使用国际范围内的数据，研究证明国外机构投资者可以提升公司的长期投资，进而也可以为公司带来更佳的创新产出。

2018 年，蒋和元（Jiang & Yuan）的研究着重关注机构投资者的信息获取资源、优势和渠道。自 2009 年以来，深圳证券交易所要求其上市公司在年度报告中披露与投资者实地考察有关的信息。研究使用此数据分析机构投资者的访问调研信息，发现实地考察显著促进创新。

李春涛等（2018）着重研究机构投资者中的社保基金持股对于公司盈余质量的影响，以探索社保基金对公司治理的作用。研究使用 2006—2015 年国内 A 股上市公司数据，盈余质量使用公司是否财务重述衡量，发现社保基金持股比例越高意味着显著越低的财务重述几率，社保基金可以通过增加机构调研次数等途径提升标的公司的盈余质量。

金等（Kim et al.，2019）从公司有毒物质排放的视角研究机构投资者对于公司 ESG 政策的影响。研究使用美国国内 TRI 数据库提供的公司有毒化学物质排放数据，样本跨越 1994—2010 年，包含 770 家公司，5 049 家工厂以及 3 907 家机构投资者。研究发现机构投资者持股比例越高，有毒物质的排放量将会越低，这种抑制作用在工厂当地的机构投资者持股比例更高时更显著。从机构投资者的类型来看，养老基金和 SRI（社会责任投资）基金的作用更强。

甘切夫等（Gantchev et al.，2019）同样研究对冲基金行使股东积极主义的后果，作者在布拉夫等（Brav et al.，2008）的研究上进一步往前拓展，发现对冲基金的效果不仅仅可以影响到其目标公司，还可以对其他公司存在溢出效应。过去与目标公司具有联系的公司，在对冲基金采取积极行动之后，往往也可以得到治理水平的提升：杠杆率和派薪提升，资本支出和现金水平下降，资产回报率和资产周转率得到提升。结果是，它们的估值有所提高，被对冲基金盯上并作为下一个目标的可能性将会下降。

赵阳等（2019）分析实地调研对于企业环境绩效的影响。研究 2013—

2016 年深交所内重污染行业的上市公司，发现实地调研可以显著改善公司的环境绩效，且该作用在环境信披较差的子样本中更明显，说明实地调研可以缓解信息不对称，最终提升了企业环境治理绩效。

2022 年，卢伟尔等（Lewellen et al.）以经济激励作为切入点，分析机构投资者主动治理的动机。研究使用美国证券市场内 2017 年的数据，发现平均而言机构持有组合内一家公司价值每上升 1%，其可以为机构带来 12.9 万美元的管理费用收入，公司规模的不同可以造成收入不同，管理费用的增加额从 19.6 万美元到 30.76 万美元不等，这对于机构投资者来说是一笔不菲的收入。

（三）相关评述

通过对过去几十年内影响力较大的研究的详细分析不难看出，"积极有用派"占据主导地位。综合来看，现有研究已经找到了机构投资者有利于公司治理各个方面的证据：缓解信息不对称（韩晴 等，2014；李争光 等，2015；杨海燕 等，2012；赵阳 等，2019；Boone et al.，2015；Jiang et al.，2018）、降低盈余管理（薄仙慧 等，2009；李春涛 等，2018；孙光国 等，2015；于忠泊 等，2011；Chung et al.，2002；Koh，2007）、缓解管理层短视（Bushee，1998）、提升公司社会责任水平（Kim et al.，2019）、积极提出议案或参与议案投票（Brav et al.，2008；Brickley et al.，1988；Ertimur et al.，2010；Jarrell et al.，1987）、提升公司价值（王雪荣 等，2009；Baek et al.，2004；Smith，1996；Solomon et al.，2002；Cremers et al.，2020；Gantchev et al.，2019）、提升公司创新能力（Bushee，1998；Bena et al.，2017）、调整管理层薪酬及治理结构（吴晓晖 等，2006；Black，1991；Ertimur et al.，2010；Hartzell et al.，2003；Kang et al.，2018）、减少融资约束（邓川和孙金金，2014；张纯和吕伟，2007）、降低公司违规概率（陆瑶 等，2012），等等。

从研究方法来看，早期的实证研究由于数据以及统计方法的局限，多为相关性研究，对因果识别的要求不高。近年来，经济学相关研究越来越注重因果关系，固定效应模型、寻找外生冲击、PSM+DID 等方法在研究中得到了广泛的运用。

从国外与国内研究差别来看，国外与国内的研究由于制度背景的不同可能存在一些差别。例如，美国具有完整的法律要求机构投资者履行投票义务，并有专门的机构负责为机构投资者提供投票建议（如 ISS），投票数据的可得性也使得国外研究可以找到直接的机构投资者参与公司治理的证据，但国内由于数据受限并不能开展类似研究。又如，美国市场上的罗素1000和罗素2000指数，指数的重构可以为研究提供较为外生的机构投资者持股变化情况，以更好地说明研究的因果性，而国内相似设定的沪深300加中证500指数的组合，数据量远远不够。总体而言国外研究的点、面在20世纪全面领先于国内研究，对于同样的话题国内更多进行的是延伸性的研究而不是开创性的研究。而近年来国内的相关研究和国外的研究已经呈现交织的势态，能提出一些国内特有的研究角度。

从具体研究内容来看，现有的研究对象从一开始较为直接的财务绩效或股东价值，慢慢向参与治理的具体方式（如提议案、参与投票）、治理结构调整的方面延伸，然后考虑治理的会计表现（如盈余管理），再延伸到信息生产以及公司的其他表现（如创新、社会责任、违约违规等），这一脉络可以很清晰地体现研究的延伸性和扩散性。分析研究的对象不难发现，现如今企业的社会责任和企业的创新水平依然是学界内重要的研究问题，这也是本书选择这两个视角以体现上市公司高质量发展内涵的重要原因。

从机构投资者的异质性来看，已有研究从最初的将所有机构投资者视为整体，发展到后来的从不同的方面考虑分析机构投资者的异质性。由于本书将以指数基金为代表的被动机构投资者（也称为消极机构投资者）作为主要研究对象，故在本节中未曾过多讨论消极机构投资者，重点在下一小节进行其相关文献的详细探讨。

二、消极机构投资者相关研究

自美国第一只指数基金发行以来，消极投资的市场份额日益膨胀，其广泛、潜在的影响也逐渐引起了学者们的注意，因而指数基金相关研究一直是一个热门的话题且伴随着不断的争议。不同的研究具有不同的切入点，指数基金的不同身份角色可以给研究带来不同的视角。目前的研究大多关注指数基金的三个身份：新进入行业的资产管理产品、证券市场的参与者以及上市公司的股东。

（一）新进入行业的资产管理产品

作为金融创新产品而出现的指数基金，势必会给原有资管行业带来一定的冲击，而指数基金的出现会为行业带来什么影响是学者们重点关注的问题。

不少研究发现，指数基金等成本更低的新投资工具为传统的资管行业带来了竞争压力，进而导致基金的平均费用率逐渐下降（Greenwood et al.，2013；Philippon，2015）。

而 2021 年孙（Sun）在此基础上解释了基金费率下降缓慢的原因：自行销售的主动型基金会在指数基金进入市场后降低自己的费率，而通过经纪人销售的主动型基金反而会提升自己的费率，市场的这种分割性导致基金平均费率下降缓慢。

（二）证券市场的参与者

作为证券市场重要参与者的指数基金，其与证券市场之间的互动也会为证券市场本身带来新的影响。因此，很多学者关心指数基金对于市场的作用，不少相关研究从价格效率角度探究指数基金对于证券市场的影响。

部分研究认为指数基金带来的消极投资会扭曲市场价格效率（缪若冰，2022），降低价格所反映的信息含量（Israeli et al.，2017），导致公司股票价格表现与市场价格出现同步性（张维 等，2020；Farooqi et al.，2020）；也有研究认为指数基金能吸引分析师生产信息（薛英杰 等，2021），反而可以降低市场的交易噪声（Stambaugh，2014），提高公司股票的定价效率（Glosten et al.，2021）。

（三）上市公司的股东

由于本书关注的重点在于指数基金对公司高质量发展的影响，这部分文献梳理的重点也放在其股东身份上。

指数基金持有不少上市公司股份，这正是他们左右决策的武器。也是由于这个原因，让学者们对指数基金作为公司股东的身份产生好奇。伴随着指数基金的市场规模不断扩大，国外有学者逐渐关注指数基金作为公司股东对公司治理的影响。

机构投资者往往需要满足大量持股股份、与管理层无利益关系和冲突、持股期限较长三个条件才有动机参与公司治理（Coffee，1991）。而指数基金作为跟踪指数的共同基金，其持有期限相较于其他基金而言更长，而市场规模的扩大也令指数基金逐渐持有更多的上市公司股份。作为追求管理费用收益的独立于上市公司的第三方机构，指数基金与上市公司的利益关联远远小于其他持有公司股份的内部人。指数基金看似符合参与公司治理的动机条件，但其是否对公司具有治理效应其实并无定论。

因此，接下来的部分将分别梳理不认同指数基金治理作用的文献，整理对指数基金治理作用抱有肯定态度的文献，并对近年来的研究从研究内容、国内外差别等方面进行评述，分析可以进一步研究的突破口。

1. 对于指数基金治理作用的悲观预期

研究认为作为采用被动投资策略的消极机构投资者，指数基金治理动机相对不足，主要有三个原因：①指数基金无差别地跟踪其标的指数，并不会区分公司治理的优劣从而选择自己投资组合内的公司，无法实现"用脚投票"（Appel et al.，2016；Farizo，2022；Heath et al.，2022），不会因为公司的治理情况好而买入，也不会因为公司的治理情况不好而卖出，无法通过"退出威胁"改善公司治理。②指数基金的被动投资策略使得指数基金的费率较低，干预带来的收入可能难以覆盖积极干预的成本（杨青等，2019；Heath et al.，2022；Schmidt et al.，2017）。③指数基金干预公司的治理存在"搭便车"的问题，如果指数基金积极干预公司，所带来的公司绩效提升将会惠及公司内所有机构投资者，但干预的成本却需要由指数基金独自承担（缪若冰，2022；Heath et al.，2022）。

实证研究上，也有一些学者给出了相应的证据，研究大部分集中在国外市场中，从投票行为、浏览公司文件等行为进行研究分析，认为指数基金等消极机构投资者在监督方面的作用不如主动型机构投资者。或者是找到了机构投资者整体对公司治理某方面的作用，但这种作用在消极机构群体内找不到证据。

前文已经提到过布希（Bushee）在 1998 年的研究，作者受波特（Porter）1992 年论文的启发，依据机构投资者过去的交易模式（投资组合的换手率、投资分散化情况和动量交易情况）将机构投资者分为三类，发现只有短暂机构投资者（transient）比例的上升将会提升管理层短视决策的可能，即会削减公司研发投入，但长期专注机构投资者（dedicated）和准指数机构投资者（quasi-indexer）则不会加剧公司的短视。细看研究中实证部分可以发现，准指数机构投资者对公司削减创新投入的影响有正有负，但都并不显著，相当于没有得到一个关于准指数机构投资者对于缓解公司短视情况的明确答案，只能说其不会加剧短视。

2017 年，施密特和法伦布拉赫（Schmidt & Fahlenbrach）使用 1993—2010 年美国上市公司的数据，使用罗素指数重构构造外生冲击，发现以罗素指数作为基本参考的机构投资者因为罗素指数调整而持股比例上升之后，其持股的公司内 CEO 权力将会扩大。研究使用 CEO 继续兼任董事长作为 CEO 权力扩大的代理变量，发现指数重构后董事会发布的 CEO 兼任公告会带来负面的市场反应。因此，作者认为，以罗素指数作为基本参考的机构投资者外生地上升将会对公司治理带来负面的作用。

杨青和吉赟（2019）研究的时间段选取 2007—2016 年，主要的样本由两部分组成：①样本期间的曾被纳入过沪深 300 指数且市值排名在后 150 位的公司；②样本期间的曾被纳入过中证 500 指数且市值排名在前 150 位的公司。发现消极机构持股比例上升往往带来更差的资产回报率（ROA）和净资产收益率（ROE）。

2022 年，希斯等（Heath et al.）着重研究机构投资者的投票行为，通过描述统计发现，在各种关于公司治理的议案中，当 ISS 和公司管理层的意见相同时，指数基金和主动型基金的投票结果大致相同，而当 ISS 和公司管理层意见相悖时，指数基金相较于主动型基金而言与管理层作对的可能性更低。进一步进行单变量检验时，发现指数基金有更高的可能性与管理层保持一致，且随着基金费率的上升，这种可能性会逐渐下降。此外，研究还发现指数基金在投票中更少地弃权。

2021 年，伊利耶夫等（Iliev et al.）通过对 2011—2017 年美国的数字化公司文件数据库（EDGAR）提供的公司文件浏览数据进行分析，发现许多投资者都对公司的治理颇有研究。然而，投资者的关注往往集中在大型公司中，或者是那些没有在常规代理投票阶段召开股东会议的公司中。有意思的是，在不同的基金家族中，指数基金规模比例更高的基金家族对公司文件的浏览量更低。不过研究没有全然否定指数基金潜在的治理作用，而且还对这种较低的浏览量提出了可能的解释并进行了验证——指数基金可能会将研究重点放在其参与治理作用更大的公司中，如：有更多股东提案的公司、ISS 提供更多反对意见的公司等。

2. 指数基金是否有治理作用

也有不少学者抱有乐观的态度，对消极机构投资者的积极治理作用进行了系统的分析，认为有五点原因导致了指数基金的积极作用：①不能随意抛售组合内公司股票使指数基金的利益和组合内公司的利益长久地绑定在一起，"用手投票"就是唯一而且正确的选择（Appel et al., 2016; Crane et al., 2016; Dong et al., 2022; Farizo, 2022）。②指数基金的本质是资产管理类产品，参与治理使组合内公司价值上升，这可以使指数基金管理的资产规模扩大并带来管理费用收入的直接增加（Appel et al., 2016;

Farizo，2022；Lewellen et al.，2022）。③指数基金需要和主动型基金以及被动型基金竞争、争抢客户，不少客户是治理敏感型客户，积极参与公司治理可以吸引到此类客户，带来后续的购买现金流（Farizo，2022；Fisch et al.，2019；Lewellen et al.，2022）。④指数基金不存在选股成本，投资组合固定使其能够更积极地参与、干预治理而不必担心管理层的报复（在日后收集公司信息等需要管理层配合的环节遇到阻碍）（Hshieh et al.，2021）。⑤指数基金较大的规模使得指数基金可以成为公司的"关键选民"（Fisch et al.，2019），这让管理层十分愿意配合他们的行动。

除了分析原因外，许多文献也为指数基金在公司内的治理作用找到了经验证据。2015 年，伊利耶夫和洛里（Iliev & Lowry）认为机构股东服务公司（ISS）的出现为市场内的机构投资者带来了便利，但同时也滋生了"懒政"的现象，市场内 25%的机构投资者在投票时完全按照 ISS 的建议进行，这并不利于公司治理。于是研究使用 2006—2010 年的 ISS 建议以及议案最终的投票数据对机构投资者的行为进行分析，发现那些积极参与能够获得较高收益而在研究投票项目时又不需要付出过多成本的基金，在投票时往往不太会依赖 ISS 的建议。进一步研究则对比了主动型基金和被动型基金，发现当指数基金在公司持股比例更高时，更有可能投与 ISS 建议不一致的票，为指数基金参与公司治理找到了投票行为上的佐证。

阿佩尔等（Appel et al.）则在 2016 年使用 1998—2006 年美国上市公司的数据，将样本限定在罗素 1000 指数中排名靠后的 250 家公司和罗素 2000 指数中排名靠前的 250 家公司，利用罗素指数的重构作为外生冲击，进行断点回归。识别条件是被罗素 2000 指数包含，因为当公司由罗素 1000 指数调整到罗素 2000 指数中时，其指数基金的持股比例将会显著上升[①]。研究发现，消极投资者的增加可以改善公司的治理结构，可以使公司拥有更多独立董事、面临更少的收购防御、获得更加平等的投票权。

克莱恩等（Crane et al.）在 2016 年同样使用罗素指数重构构造外生冲击，不过选择 1991—2006 的时间段，同时断点回归的带宽选择得更窄，仅

---

① 2007 年以前，罗素指数按照经流通调整后的市值大小进行排名，罗素 1000 指数包含市场内调整市值由高到低的 1 000 家公司，而罗素 2000 指数包含调整市值排名 1 001 到 3 000 的 2 000 家公司。因此罗素 1000 指数和罗素 2000 指数门槛附近的公司具有相似的调整市值水平。但是由于指数是价值加权的，处于指数头部的公司和尾部的公司在指数中分到的权重大相径庭，因而罗素 1000 指数尾部的公司和罗素 2000 指数头部的公司市值水平差距不大，但罗素 2000 指数头部的公司却能外生地拥有更高水平的指数基金持股比例。

仅包含断点附近的±100家公司。研究分析了股东提案和投票模式的差异，发现即使是消极机构（nonactivist institutions），在监督公司行为方面也发挥着重要作用。

曾志远等（2018）使用2009—2017年的数据，发现基金持股所有权能提升公司价值，且该作用随控股股东持股比例提高而增强，同时这种效应只在民营企业中表现显著。进一步使用布希（Bushee）1998年的分类方式对基金进行分类，发现准指数类基金也可以对公司价值带来显著为正的效果，因此作者认为基金公司提升公司价值的途径更多地经由"用手投票"实现。

阿佩尔等（Appel et al.）在2019年的研究中改进了其2016年研究的做法①，继续使用罗素指数重构建立外生冲击，使用2008—2014年以罗素指数断点±500家公司作为研究样本。研究发现指数基金持股比例更高的公司内，股东积极主义行动更容易成功，能更大概率地获得董事会的席位或者控制权。研究认为是指数基金的存在缓解了"搭便车"现象，提升了积极主义者治理公司的能力，提升了公司的长期绩效。

陈等（Chen et al.）在2019年使用1996—2006年美国上市公司的数据，同样利用罗素指数断点附近进行精确断点回归，为确保稳健性，分别选择断点附近±300家和±500家公司作为研究样本，发现准指数型股东（quasi-indexer）可以为公司节约税收成本。

陈等（Chen et al.）在2020年使用2003—2006年数据，依靠罗素指数重构进行断点回归，发现罗素指数重构导致的机构持股外生增加改善了公司的社会责任绩效。进一步发现具有长期投资期限的机构是推动企业社会责任改进的主要力量，因为样本内的准指数基金、被动型共同基金和私募都对投资组合公司的企业社会责任政策有显著影响。

谢赫等（Hshieh et al.）在2021年使用2004—2015年美国上市公司的议案投票数据，比较了同家族内被动基金和主动基金的代理投票行为有何不同，发现被动型基金比主动型基金更倾向于投票支持治理改革（如：毒丸计划）。此外，研究发现了指数基金"幕后干预"的证据，指数基金持

① 在进行断点回归时新加入了banding controls，因为2007年前后罗素指数的调整原则有所不同：2007年后罗素指数调整新增了banding原则，即在断点附近的公司只要调整后市值没有跌破某特定值，即使公司的调整市值排在1 000名以后，也依然可以留在罗素1000指数中，反之亦然。其中，市值的特定值下限和特定值上限之间的区域被称为banding。

股比例更高的公司，出现批准/修改/更新毒丸计划相关议案的可能性也更高，同时出现交错性董事会（staggered boards）相关议案的可能性也会显著更高，说明指数基金可能会在股东投票之前干预股东大会里需要投票的议程项目。

阿扎尔等（Azar et al.）在2021年使用2005—2018年美国上市公司的数据，研究指数基金三巨头（Big Three）在公司内的治理效应。研究发现三巨头十分关注它们大量持股且二氧化碳排放量较高的大公司，并且观察到三巨头在公司内的持股比例和公司之后的碳排放量之间存在很强的负相关关系。

2022年，法利兹（Farizo）的研究使用2006—2016年美国公司股东议案投票的数据，发现相较于公司内存在与指数基金同属一家基金家族的主动型基金的情况，公司内只有同家族指数基金的时候，指数基金更有可能针对那些有争议的管理层议案投反对票。而对于股东发起的议案，在公司内没有同家族主动型基金的时候，指数基金会更多地投赞成票。研究结论符合"locked-in"导致的监督动机，即无法退出只能监督。这些结果表明，当同家族主动型基金避免在一家公司持股时，指数基金可以在这家公司中表现出更积极的投票意愿。

3. 详细评述

对近年来记录消极投资者积极治理效应的文献进行梳理后，不难发现关于消极投资者的讨论在2015年左右开始被学界广泛关注。但与机构投资者的相关研究不同的是，消极投资者的相关研究刚刚起步，研究内容的完备程度还远远不及关于机构投资者的相关讨论，争议也比机构投资者相关领域更多。

从研究内容上看，已有研究主要关注指数基金作为公司的股东时，其台前投票行为（Crane et al., 2016; Farizo, 2022; Hshieh et al., 2021; Iliev & Lowry, 2015）、幕后治理行为（Appel et al., 2019; Hshieh et al., 2021）以及带来的后果等方面，而后果具体体现在提升公司治理结构（Appel et al., 2016; Hshieh et al., 2021）、提升公司价值（曾志远 等，2018）、提升公司社会责任水平（Azar et al., 2021; Chen et al., 2020; Fu et al., 2023）、降低税收成本（Chen et al., 2019）等方面。

对比国内外已有研究，由于国内并没有专门的机构收集各个基金公司关于具体议案的详细投票数据，导致这样的研究在国内开展起来极具难度，因而探讨指数基金投票行为的研究目前来说仅存在于国外。而国外研究在讨论指数基金治理后果的时候，大多使用调整罗素指数以构造外生冲击的方式，可这种巧妙的方式也难以在本土落地生根：国内规模指数大部分包含的公司数量较少，以被国内最多指数基金跟踪的沪深 300 指数为例，指数内仅仅包含 300 家公司，数量远远不及罗素 1000 指数，甚至比不上有些国外研究使用的单侧带宽（±500）。而国证 1000 指数虽然公司数量足够，却又由于知名度不够而鲜少被指数基金跟踪。这两方面的原因造成指数基金的持股比例在指数断点附近的差距并不大，很难构造外生的指数基金持股比例变化。因而使用外生冲击来进行断点回归分析的方式在国内难以复制，这应该也是国内相应研究迟迟没有起步的重要原因。

尽管国外的研究已经捕捉到指数基金在某些方面的作用，提供了相对可靠的经验证据，但同样的结论是否适用于中国的公司、中国的指数基金，依然是一个需要解答的问题，这也是本书选择探讨指数基金能否促进上市公司高质量发展的重要原因之一。

第二节　机构投资者与公司创新

由于创新是本书关注上市公司高质量发展的重要视角，也是本书重点讨论的内容，第一节讨论机构投资者的公司治理效应时没有详细讨论创新角度，具体的讨论将会在本小节进行。

在前文提到的关于机构投资者对于公司影响的研究中，对于公司创新行为一直具有较高的关注。相关文献主要有两个角度：一方面，从管理层短视行为的视角来说，创新研发投入额（R&D）是经常被用来衡量管理层短视的一个指标，文章通过探究机构投资者与这一指标的关系，来研究其对于管理层短视的影响（Chen et al.，2015）；另一方面，从创新本义的视角，直接探索机构投资者对公司创新的影响（Luong et al.，2017；Lin et al.，2021；Rong et al.，2017；Unsal et al.，2019；冯根福 等，2008）。尽管有这两类研究创新的方式，学界大都还是将其作为一个整体进行研究，认为机构投资者积极参与公司事务，从而对公司创新产生影响，较少考虑不同机构投资者的异质性特征。

因此，接下来的部分将首先梳理并分析考虑机构投资者整体性影响的文献，随后再分析不同类型机构的不同影响，最后从不同研究的侧重点、衡量指标等方面评述已有文献。

（一）将机构投资者视为整体研究其对创新的影响

如冯根福和温军（2008）肯定了前十大股东中机构对创新的作用。Aghion 等（2013）利用美国 800 家上市公司的数据，从管理者的职业考虑角度出发进行研究，发现机构投资者整体上增强了公司的创新投资和产出，外部竞争越激烈其作用越明显。进一步考虑创新效率，使用每 1 美元的 R&D 投入能产生多少加权专利数来进行衡量，而加权专利数的权重则是专利在未来被引用的次数。机构投资者减少了因业绩不佳而解雇公司首席执行官的可能性，这增强了公司的创新能力。

2018 年，蒋和元（Jiang & Yuan）的研究着重关注机构投资者的信息获取资源、优势和渠道，研究机构投资者实地考察调研对公司创新的作用。关于公司创新的衡量，研究使用专利申请数量代表企业创新，同时，自 2009 年以来，深圳证券交易所要求公司在年报中披露投资者实地考察相关信息。基于此，研究发现机构实地考察能促进公司创新，且这种机构实地访问的效应可以替代机构持股的影响。

安萨尔和雷菲尔德（Unsal & Rayfield，2019）的研究对象并非所有上市公司，而是重点关注医药行业，使用 2000—2014 年医药行业 919 家上市公司的数据，使用美国食品药品监督管理局（FDA）新批准的药品衡量公司创新产出。研究发现随着公司内机构投资者持股比例的上升，FDA 批准产品的数量也显著增多。进一步地，研究发现机构所有权可以降低药品召回和市场回撤的可能性。最后研究提出了一个可能的影响路径：机构投资者通过积极监督公司，能够创造一个包容失败的环境，以有效提升公司的创新能力。

2019 年，坂木和乔里（Sakaki & Jory）的研究使用公司的专利申请数量和专利的非自我引用数量衡量公司创新能力。研究使用 1981—2004 年美国上市公司的数据，重点关注公司股权结构的稳定性的作用，研究发现机构所有权越稳定，公司的创新产出能力显著越强。

（二）考虑机构投资者的异质性

也有一些文章不仅将机构投资者视作一个整体，还在一定程度上考虑到机构投资者的异质性，根据机构投资者的投资风格、地区和本质特征对其进行分类。

从投资风格的角度来讲，学者根据机构投资者的投资期限，区分机构投资者的短期与长期等。布希（Bushee）在 1998 年发现短暂机构投资者（transient）比例的上升将会扩展管理层短视决策的可能。

徐等（Xu et al.）在 2015 年以 3 292 家美国上市公司作为研究样本，作者使用专利数量衡量各个公司的创新能力，将创新分为探索性（exploratory）和利用性（exploitative），且认为探索性创新的难度要高于利用性创新。具体而言，研究使用公司在此前从未获得专利的技术领域内获得的专利数量作为探索性创新的衡量指标。研究发现，机构投资者对于公司的探索性创新具有抑制作用。随后研究使用布希（Bushee）在 1998 年的分类方式，将机构投资者分为长期投资者（dedicated）和频繁发生短期交易的短期投资者（transient）以进行进一步的研究，并发现长期投资者对公司的探索性创新具有抑制作用。

2018 年，哈福德等（Harford et al.）在衡量公司创新时，除了使用专利的数量和引用数量之外，还构建了两个独特的指标来衡量公司的创新效率，分别是专利的原创性（originality）和专利的普遍性（generality）。专利的原创性使用 1 减去专利所引用的专利所在技术类别的赫芬达尔指数（HHI）衡量，专利所引用的技术类别越集中，原创性越低。专利的普遍性使用 1 减去引用此专利的专利所在技术类别的赫芬达尔指数衡量，引用本专利的专利所在类别越集中，专利的普遍性越低。通过使用申请数量、引用数量、原创性和普遍性这四个指标衡量公司的创新能力，研究发现长期投资者可以影响公司的决策，监督公司，缓解公司管理层的短视行为，促进公司的创新能力。

从投资者的地区角度进行分类的文章也并不少见。陈等（Chen et al.）人在 2015 年基于台湾地区的数据，探讨机构投资是否加剧了管理层短视行为。研究使用 2000—2012 年上市公司数据，发现在公司遭受收入损失，但其损失可以通过下调公司研发投入弥补时，公司的管理层更容易选择短视行为，即削减公司的研发投入来弥补公司的短期目标。同时，公司内的机构投资者可以有效地抑制这样的短视决策。进一步分析发现，区域内投资者的短期主义将会加剧管理层短视，而区域外机构投资者才能缓解公司管理层的短视，并提高公司的长期投资和创新能力。

2017 年，贝纳等（Bena et al.）使用跨国数据对机构投资者对创新的作用进行研究，使用 2001—2010 年世界上近 30 个国家、地区的数据，使用 Gaspar 等（2005）的方式区分投资期限，发现长期持股的境外机构投资者持股比例更高，这不仅促进了公司对有形（以资本投入为代表）、无形（以创新研发投入为代表）和人力资本的长期投资，也会显著增加公司的创新产出，其中，创新产出使用公司的专利数量进行衡量。研究认为并证明这是由于境外机构投资者可以通过对公司管理层进行监督这一渠道来增加公司长期投资，并且发现来自普通法系（common law system）国家的境外机构投资者可以为境内的公司"输出"良好的公司治理范本，具有治理溢出效应。

2017 年，卢昂等（Luong et al.）人使用 2000—2010 年 26 个非美国国家上市公司的数据，发现外国机构投资者可以增强公司的创新能力，但这种积极影响在国内机构投资者群体中并不明显。经过进一步验证，研究发现境外机构投资者的这种积极影响主要归因于三点：首先，外国机构投资者通过积极参与治理，监督公司的管理层；其次，外国机构投资者可以为管理层提供一个容忍创新失败的保障；最后，这些境外机构投资者带来了一些高创新能力国家的知识溢出效应。研究有两种方式衡量公司创新：①每年公司申请的专利中最终审核通过的数量；②考虑到专利的引用情况，首先，计算申请并获得授权的一个专利未来引用量总和占专利所在技术类别内所有专利被引量的比例，相当于考虑该专利未来在专利所在技术类别中的影响力，其次，再将各个专利的比例数据进行加总。

从机构类型特征的角度来说，机构投资者可以分为共同基金、风投机构、保险公司、养老基金等。付雷鸣等（2012）的研究使用 2011 年前在中国创业板内上市的 286 家公司的数据，分析其上市前三年到 2010 年年底的数据，发现机构投资者持股对于公司创新而言具有显著为正的影响，其中，风投机构相较于其他机构投资者而言，对于公司创新的提升具有更显著的作用。由于研究关注风投机构对于企业创新意愿的影响，同时创业板上市公司招股书会直接披露企业的研发投入占销售收入的比重，因而研究使用该值衡量创新能力。

温军和冯根福（2012）发现 QFII 和保险公司对公司创新有积极作用，而证券投资基金则会抑制公司的创新研发投入，但不会对创新产出（专利申请数量）造成显著影响。

2017 年，荣等（Rong et al.）发现机构投资者能够提升公司的创新能力，通过进一步研究得出了三个结论：①提升公司创新能力主要是共同基金的功劳；②当公司面临更激烈的产品市场竞争时，机构投资者的这种创新提升效应更明显；③机构投资者的这种创新提升效应在民营和少数国有企业中存在，但在多数国有企业中不存在。在创新的衡量方式上面，研究使用专利中的发明类专利族的申请数量以及以未来 3 年引用量作为权重的发明类专利的数量两个方面衡量公司创新。

陆瑶等（2017）主要关注风险投资（VC），使用 2000—2012 年被风投机构支持的中国上市公司作为研究样本，发现被风投机构联合投资的公司创新能力更强；且联合的机构数目越多，标的公司的创新能力就越强；风投机构的平均持股时间越长，联合风投的创新提升作用就越显著。研究使用公司首次公开募股（IPO）当年加上之后三年的专利授权数衡量公司创新，并分别考虑三类不同的专利总数，包括实用新型、外观设计以及发明专利。

陈思等（2017）的研究同样关心风投机构，分析 2006—2011 年沪深两市 IPO 的公司。发现 VC 机构进入后，公司专利申请数量得到了大幅提升。

2018 年，布拉夫（Brav）等人从股东积极主义角度出发，探索对冲基金对公司创新能力的影响。追踪发现，对冲基金入股五年后，尽管公司的研发投入有所缩减，但是目标公司的创新产出即专利数量和引用量却得到了大大的增加，特别是在创新组合更加多样化的公司内，这样的创新产出提升作用更加明显。

2019 年，池等（Chi et al.）考察了中国市场内不同机构投资者对企业创新能力的影响。研究 2001—2014 年中国市场内上市公司的数据，分别分析不同机构对公司专利申请数量的影响，发现共同基金有效地提高了公司的创新能力，而保险公司、养老基金和合格境外机构投资者（QFII）的持股对创新的影响则较小或没有显著影响。研究认为这是因为与其他机构相比，基金持股比例更高，而与公司的业务联系又更少。

（三）文献评述

综合分析已有的机构投资者与企业创新能力的相关文献，目前针对不同市场、不同样本的研究，得出的结论并不完全一致。一些研究认为机构投资者的短期交易使公司变得更加短视，因而会抑制公司的创新投入，最终导致公司的创新水平下降。另一些研究说明机构投资者可以监督公司管理层，改善公司的治理结构，提升公司的创新水平。不同类型的机构投资者，甚至对公司的创新能力具有全然相反的作用，考虑到不同类型机构投资者具有不同的特征，其结论不同并不难接受。

在衡量指标方面，常用创新研发投入和专利产出衡量，不过研究的关注点和切入点的不同也会使研究使用的代理指标存在差异。现有研究逻辑的第一层关注公司会否因为存在短视而削减创新研发投入水平，此时的代理指标往往使用研发投入（Bushee，1998；Chen et al.，2015）。进一步地，研究不再局限于企业创新意愿，还延伸到创新产出的水平，故而专利的申请数量也逐渐得到使用（陈思 等，2017；温军 等，2012；Chi et al.，2019）。再深入一层，部分研究考虑"专利泡沫"现象，认为有些专利的申请其实并不能体现公司真实的创新水平，于是把话题转向创新效率，在代理变量构造时加入了专利的引用数据（Harford et al.，2018；Luong et al.，2017；Rong et al.，2017）。此外，专利本身的类型不同导致其所蕴含的创新投入和技术含量也不同，有的研究从发明的难易程度将创新分为探索性和利用性（Xu et al.，2015），也有研究考虑到新型实用、外观设计和发明类专利的审核标准不同，进行分类讨论（陆瑶 等，2017）。

总体而言，即使不同的研究之间存在各类争论，但长期机构投资者具有积极的创新作用几乎得到共识。而指数基金作为长期持有公司股票的消极机构投资者，其对于公司创新能力的影响如何，相关研究依然有未尽之处，特别是针对中国国内上市公司的情况。以上都是本书后续章节着重想要讨论的问题。

第三节 机构投资者与公司社会责任水平

由于企业社会责任（Corporate Social Responsibility，简称 CSR）也是上市公司高质量发展范畴内本书着重关注的视角和重点讨论的内容，第一节讨论机构投资者的公司治理效应时并未详细分析企业社会责任角度，具体的讨论将会在本小节进行。

利益相关者理论使得上市公司社会责任进入到众多学者的视野之内（Campbell，2007），国内的上市公司也有许多选择披露独立于年报的社会责任报告以显示其对利益相关者的贡献。现如今企业社会责任也依然是学界的热门话题（Chen et al.，2020；Cronqvist et al.，2017；Dyck et al.，

2019；Flammer，2015；Kim et al.，2019；Liang et al.，2017）。

本小节接下来的部分将首先梳理企业选择承担社会责任的动因，其次梳理机构投资者的整体性作用，再次分析不同机构投资者的异质性，最后从研究内容、研究结论、研究指标等方面评述已有文献。

（一）社会责任的动因

在相关话题中，大部分研究集中在解释企业主动承担社会责任的动机，现有文献主要从策略性动机、管理层自我实现动机和利他性动机三个方面进行考虑。首先，从利益相关者理论出发，上市公司选择承担社会责任是出于对其他利益相关者[①]利益的考虑（Jha et al.，2015；Peloza et al.，2011），若与他们保持良好的关系，那么这些利益相关者将会在未来对公司进行回馈（Deng et al.，2013），这个过程是一个创造长期价值的过程，也就是认为公司的社会责任决策是策略性的（Cheng et al.，2014；Kim et al.，2014；Lin et al.，2015）。其次，从代理问题的角度出发，管理层选择让公司承担社会责任时，可能会对公司业绩和股票回报产生不利影响（Di Giuli et al.，2014；McWilliams et al.，2001），这说明管理层选择以牺牲股东利益为代价而参与此类活动，可能是为了他们自己的个人利益（Jha et al.，2015；Dyck et al.，2019；Masulis et al.，2015；Cronqvist et al.，2017）。最后，上市公司承担社会责任，也可能是单纯利他行为的结果，如2015年贾和考克斯（Jha & Cox）发现具有较高利他倾向社会规范的地区内的公司具有较高的CSR水平。

基于上述企业主动承担社会责任的动因，机构投资者作为公司的重要股东，拥有大量的股份及其背后所代表的投票权利，毫无疑问是公司内重要的利益相关者，理应有能力影响公司社会责任。同时，机构投资者能够有潜力和动机改变上市公司决策几乎已经是学界的共识（Aghion et al.，2013；Appel et al.，2016；Brickley et al.，1988；Ertimur et al.，2010；Rong et al.，2017），但是相对于公司决策的其他方面而言，研究机构投资者针对企业社会责任情况影响的文章数量较少。在现有的探讨机构投资者与CSR的相关文献中，大部分关心的是公司层面的CSR特征对于机构投资者的影响（Chen et al.，2020），也就是探究机构投资者更偏好何种社会责任水平的公司（李培功 等，2011；黎文靖 等，2015；毛磊 等，2012；

---

① 如公司员工、供应商、客户等。

Chava，2014；Harjoto et al.，2017；Hong et al.，2009），少有文章考虑机构投资者是否能够提高公司 CSR 水平。

（二）机构整体性研究

少数现存的关于机构投资者如何影响上市公司社会责任的文献中，部分文献先将机构作为一个整体。2011 年，欧等（Oh et al.）使用韩国市场内"2006 年最佳企业 200 强"的数据研究股权结构对于上市公司社会责任的影响，使用第三方机构 KEJI 数据库提供的企业社会责任评级数据，发现持有大量公司股票的机构投资者能够对管理层的决策产生影响，并鼓励公司更多地投资于提升企业 CSR 水平的项目。

王海妹等（2014）以 2010—2012 年中国 A 股上市公司数据作为样本，探究了三类股东持股情况对 CSR 的影响。其中，企业社会责任从两方面衡量，指标一是虚拟变量，用来衡量上市公司年报内是否披露企业社会责任情况；指标二则是根据企业年报中披露的五个方面对企业总体社会责任评分。研究发现，整体上来说，机构投资者由于其信息优势、专业程度和投票权可以影响管理层决策，促进公司承担社会责任。

赵阳等（2019）从信息获取的角度出发，使用深交所内重污染行业公司数据，发现机构投资者实地调研可以显著改善公司的环境绩效，且该作用在环境信息披露较差的样本中更强，说明实地调研可以缓解信息不对称，最终提升了企业环境治理绩效。

（三）考虑机构的异质性

然而机构投资者类型众多，其不同类型对公司的态度并不一致，那么对于企业社会责任水平的影响也就不尽相同。既然有证据表明机构投资者能够提升 CSR，是否所有的机构投资者都具有这样的能力？还是说这种对于上市公司社会责任的促进作用仅仅存在于一部分的机构投资者中？一些学者根据机构投资者的投资期限长短分类讨论，如纽鲍姆和扎赫拉（Neubaum & Zahra）在 2006 年利用 1995 年和 2000 年的公司数据，使用 KLD 数据库提供的六个方面的情况分别计算每个公司的 CSR 分值，发现长期机构投资者所有权与 CSR 存在正相关关系。

埃赫姆贾姆茨和黄（Erhemjamts 和 Huang）在 2019 年认为短期主义在机构投资者中盛行，而部分机构投资者则选择奉行长期主义。结论显示：长期持股机构显著提升公司社会责任水平，而短期持股的机构投资者会令公司的社会责任水平降低。其中企业社会责任数据选用 KLD 数据库提供的七个方面的指标，从公司优势项（strengths）和劣势项（concerns）两个方面计算综合得分。

金等（Kim et al.）在2019年认为拥有长期投资理念的投资者更有动力监督公司参与到社会责任活动中，于是利用1995—2012年美国上市公司的数据，使用KLD提供的除了治理方面（governance）的其他六个方面计算公司的社会责任评分，研究发现，具有较长投资期限的机构投资者与公司的社会责任水平具有正相关关系。

此外，也有学者从外资机构投资者的角度对企业社会责任水平变化进行解释。王海妹等（2014）的研究在探究了整体机构投资者对于企业社会责任水平作用的基础之上，进一步分析QFII对于上市公司社会责任的影响。研究认为，国外投资者由于对公司的情况了解程度较低，故而对于企业信息披露的需求较高，因此能够对上市公司社会责任的信息披露情况起到提升作用，此外，来自重视企业社会责任国家的机构投资者，可以通过传递实践思想的方式提升国内上市公司的社会责任水平。

戴克等（Dyck et al.）在2019年研究外资股东对企业社会责任的影响，数据来自汤森路透ESG数据库。发现只有当外国机构投资者来自对企业社会责任绩效有更大需求的国家时，外国机构投资者才能提升企业的社会责任水平。

里等（Li et al.）于2021年的研究也有类似的结果，使用2009—2017年中国上市公司数据，使用RKS数据库提供的CSR评分，发现来自较远国家的QFII或者拥有较高社会责任意识国家的QFII可以显著提升国内上市公司的社会责任水平。

也有文献考虑风险投资机构的作用，2022年，程等（Cheng et al.）以企业社会责任为切入点，研究机构投资者中风险投资（VC）对于公司治理的影响。研究中利用风投机构退出作为冲击，研究发现VC退出后，其原先投资公司的社会责任绩效将会得到改善。进一步的分析表明，这种效应在很大程度上是由缺乏经验、表现不佳、声誉不佳的风投导致的。其中研究使用和讯网CSR评分，由于和讯社会责任评级数据可以涵盖国内所有上市公司，可以规避选择偏差的影响。

（四）文献评述

从对社会责任的衡量上看，除了使用是否披露社会责任报告作为指标之一以外，国外普遍使用的社会责任绩效来自KLD数据库和而国内普遍使用的是 RKS 数据库和和讯网提供的企业社会责任数据。RKS 数据库与和讯网提供的企业社会责任指标最大的不同在于，RKS 基于上市公司发布的社会责任报告打分，只包括披露了 CSR 报告的公司，而和讯网基于全体上市公司的具体情况评分，具有更全的样本。

从研究的结论来看，无论从投资期限还是地区进行考察，这些研究都肯定了企业社会责任投资可以使公司长期价值增加：企业可以通过降低公司的诉讼风险（Agle et al.，1999；Shane et al.，1983；Waddock et al.，1997）和建立较好的名誉（如 Hill et al.，1992；Titman，1984）来增加公司的长期价值（Kim et al.，2019），提升其社会责任。那么同样具有长期持股特征的以指数基金为代表的消极机构投资者，也许也能对上市公司的社会责任产生积极的影响，但结论还有待进一步验证。

第四节　整体文献评述

综合前三节中对于已有文献的梳理来看，学界在机构投资者有能力影响公司决策的方面几乎已经达成了共识，其对于上市公司创新能力、社会责任方面的影响也与相应机构投资者的某些特征有一定的关系。但已有文献更多地考虑机构投资者作为一个整体对于上市公司而言的意义，较少分析其异质性对公司的影响。尽管近年来这方面文献逐步增加，但是无论是上市公司创新能力还是社会责任绩效方面，都鲜少看到针对消极机构投资者的讨论。

然而对于上市公司高质量发展而言，无论是公司创新能力还是社会责任，都是无法取得短期回报、需要长期视野的，而消极投资者的长期持股性质意味着更长期的视野，这的确可能成为创新能力、社会责任这类高质量发展特征的摇篮。而这方面研究并不丰富的现状，也为本书提供了探索的动力。

第三章 指数基金现状及分析

第一节 指数基金发展现状

一、基本情况

指数基金是基金管理公司为了更好地适应市场，为投资者提供多样化的投资选择而产生的基金产品，其特征在于它们的投资组合往往跟踪、复制某一特定的指数，广泛地持有特定类型、行业、风格的公司。与主动型基金不同的是，指数基金只需要被动地跟踪其标的指数，不需要对投资组合进行额外的择时、选股操作，交易远不如主动型基金频繁，因此，他们的费率相较于主动型基金更低。指数基金属于证券市场内的金融创新产物，为了满足不同类型投资者的需求，自然也存在投资组合内一部分参照、跟踪指数，另一部分主动操作、积极投资的增强型指数基金。而本书提到的指数基金概念是广义的概念，包含了证券市场内的交易所交易基金（ETF）、增强型指数基金以及被动型指数基金，但凡有其跟踪的标的指数的基金，本书皆认为其是指数基金，且在本书的研究范畴之内。

1976 年，先锋集团（Vangaurd）发行了第一只可以被个人投资者购买的指数基金（Sun，2021），并以标普 500 指数作为基金所跟踪的标的指数，从那以后指数基金便走上了迅猛发展之路。现如今，指数基金已经成为美国金融市场上影响力最大的机构。而现在市场内的指数基金三巨头——先锋（Vangaurd）、黑石（BlackRock）和道富（SSGA）成为新的

"Big Three"①。信用评级公司影响上市公司的武器是信用评级，而指数基金影响上市公司的武器则是手中所持有的上市公司的投票权。

中国国内的指数基金起步较美国晚了二十余年，直到 21 世纪，指数基金才在中国逐步登上舞台。通过图 3-1 可以看出，2000 年以前，国内证券市场中几乎没有指数基金身影的存在。万得数据库（Wind）提供的资料显示，第一只指数基金于 1999 年 7 月 14 日问世。由于 7 月 14 日当天有两只指数基金分别在上交所和深交所上市，可以认为这一天是国内指数基金发展的起点，也标志着消极投资策略首次出现在中国证券市场。这两只指数基金分别是由华夏基金管理的"基金兴和"（代码 500018. OF）和由鹏华基金管理的"基金普丰"（代码 184693. OF）②。彼时，两只传统封闭式指数基金都属增强指数型基金，因而采用 50% 跟踪指数，50% 积极管理的策略，对消极投资的态度依然有所保留。

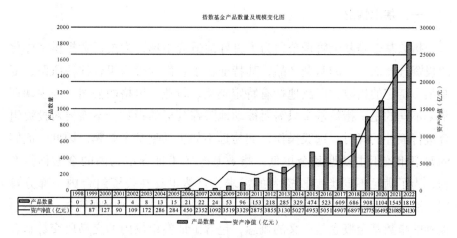

图 3-1　指数基金产品数量及规模变化图

而 1999—2008 年的十年内，指数基金度过了一个较为平稳的发展期。伴随着相应政策文件的出台，指数基金产品数量平缓增长，基金所管理的资产净值也处于相对稳定的增长状态。2009 年开始，指数基金数量和规模增长迅猛，数量增长率达 120%，规模增长率达 222%。不过，截至 2010

---

① 在 2008 年以前，美国的穆迪（Moody's）、标普（S&P）、惠誉（Fitch）这三大信用评级机构被称为"Big Three"（Xia, 2014）。

② 基金代码可以反映出基金的相关信息。对于传统的封闭式基金而言，以"50"开头的基金代码意味着基金在上交所上市并交易，而以"18"开头的基金代码则意味着基金在深交所上市并交易。

年年底，指数基金产品数量依然没有突破三位数。自 2011 年指数基金产品数量突破 100 只开始，截至 2020 年年末，在短短十年的时间里，中国指数基金已有 1 000 余只，相较 2011 年增长了十倍，管理的资产规模也达到了 1.6 万亿元人民币，约为 2011 年的近六倍。以上数据可以说明，指数基金自 1999 年于国内登场以来得到了长足的发展，在中国证券市场内占据了越来越重要的地位。

同样，中国的指数基金也开始呈现集中化趋势，如表 3-1 所示，前 8 大指数基金公司占据指数基金的市场份额超过 50%，管理规模排名前 25% 的基金公司占据了 90% 的指数基金市场份额[①]。不过这一数据呈现出的行业集中度远不如美国，美国的消极投资三巨头（Big Three）所管理的指数基金已经占据指数基金市场近 70% 的市场份额，管理规模排名前 1.6% 的基金管理公司就已占据指数基金市场 90% 以上的份额[②]。但不管是在美国还是在中国，指数基金都是市场内重要的新兴机构投资者，是市场上不能退出的"瓷器店中的大象"。对于这样一个庞然大物，探析它对上市公司高质量发展的影响及其背后的机制，无疑是一个重要的课题。

表 3-1 前八大指数基金管理公司及其资金规模

	基金公司	指数基金个数	指数基金资产规模（亿元）	占市场份额（累积%）
1	华夏基金	151	2 941.95	12.09
2	易方达基金	130	2 047.21	20.51
3	南方基金	118	1 738.50	27.65
4	国泰基金	136	1 286.05	32.94
5	华泰柏瑞基金	50	1 274.09	38.17
6	广发基金	109	1 209.10	43.14
7	招商基金	94	1 180.26	47.99
8	天弘基金	110	1 154.50	52.74

注：数据来源万得数据库，本书计算整理。计算截止时间为 2023 年 1 月 30 日。

---

① 据万得数据库，2023 年 1 月 30 日数据计算。

② 数据来源万得数据库，本书计算截止时间为 2023 年 1 月 30 日，Big Three 代表黑石（BlackRock）、先锋（Vangaurd）和道富（SSGA）三个指数基金巨头公司。

二、独有特征

中国市场内的指数基金发展情况和美国市场内的指数基金发展情况相比，主要具有以下特征。

（一）起步较晚，发展规模较小

1976 年，先锋集团（Vangaurd）发行了第一只可以被个人投资者购买的指数基金（Sun，2021），并以标普 500 指数作为基金所跟踪的标的指数。从那以后，指数基金便开启了迅猛发展之路。现如今，指数基金已经成为美国金融市场上影响力最大的金融产品。而现在市场内的指数基金三巨头先锋（Vangaurd）、黑石（BlackRock）和道富（SSGA）成为新的"Big Three"。据万得数据库，截至 2022 年年底，美国市场内指数基金数量超过 3 800 只，管理资产规模超 20 万亿元人民币。

中国国内的指数基金起步较美国而言晚了 20 余年，直到 21 世纪以来指数基金才在中国逐步登上舞台。2000 年以前，国内证券市场中几乎没有指数基金的身影存在：万得数据库提供的资料显示，第一只指数基金于 1999 年 7 月 14 日问世。由于 1999 年 7 月 14 日当天有两只指数基金分别在上交所和深交所上市，可以认为这一天是国内指数基金发展的起点，也标志着消极投资策略首次出现在中国证券市场内。就发展规模而言，同样截至 2022 年年底，中国市场内指数基金产品数量突破 1 800 只，管理资产规模超 2.4 万亿元人民币。

总的来看，就指数基金产品的发展规模而言，国内指数基金起步较晚，发展程度不及美国市场，但也已具有较大规模，具有潜在的左右上市公司决策的可能。

（二）发展态势、格局不同

美国证券市场内的指数基金具有较高的集中性，头部指数基金公司的指数基金产品占据了绝大部分的市场份额（Bebchuk et al.，2019），据万得数据库，美国的消极投资三巨头（Big Three）所管理的指数基金已经占据指数基金市场近 70% 的市场份额，管理规模排名前 1.6% 的基金管理公司就已占据指数基金市场 90% 以上的份额。

而中国的指数基金产品则较为分散，集中性较低，并不是由一家或几家公司独占市场份额，而是呈现百花齐放的特征。据万得数据库，截至 2023 年 1 月，中国国内的前 5 大指数基金公司的市场份额占有率不到

40%。不过，中国的指数基金也开始呈现集中化趋势，前 8 大指数基金公司占据指数基金的市场份额超过 50%，管理规模排名前 25%的基金公司占据了 90%的指数基金市场份额。

正如上文论述，中国证券市场内的指数基金呈现出一种数量众多但集中度较低的现状，发展态势、格局与美国市场不同，具有独特的研究价值。

（三）配套制度建设不够完善

美国证券市场内投票咨询市场化以及信息披露规则与消极投资者的公司治理行为能较好地配套。随着美国市场内共同基金规模逐渐庞大与其参与公司治理的投票信息并不透明之间的矛盾日益激烈，美国证监会在 2003 年出台规则，要求投资顾问以书面形式披露参与公司治理的程序与决策信息（缪若冰，2022），这为后续探讨指数基金投票行为的研究创造了条件。

而与美国证券市场不同，中国国内并不强制要求各大基金公司披露其参与股东大会、投票表决等具体信息，也不强制其披露与公司管理层私下沟通的信息，这也导致目前直接解释中国市场内的指数基金参与公司治理的具体途径存在困难。

以上特征也是导致国内相关研究较少的直接原因，但目前指数基金的规模已经不容忽视，此类研究的缺乏并不利于全面地了解中国上市公司。截至 2022 年年底，指数基金产品数量已经突破 1 800 只，管理资产规模更是突破 2.4 万亿元人民币。指数基金大量持有上市公司股份，在中国证券市场内占有越来越重要的地位，这对于中国上市公司来说究竟是好是坏，始终是一个需要解答的问题，这也是本书选择探究指数基金治理效应的重要原因。

第二节　指数基金之于上市公司高质量发展的意义

在第一节中，本书已经对中国证券市场内的指数基金现状进行了基本的描述，阐述了中国指数基金发展程度尚不高、集中度也不高的事实，言明了指数基金的规模大小及其本身对于市场的重要性。本小节将会基于已有研究，分析指数基金治理作用的具体争议，探讨其对于上市公司高质量发展的潜在意义。

自美国第一只指数基金发行以来，消极投资的市场份额日益膨胀，其广泛、潜在的影响也逐渐引起了学者们的注意，因而指数基金相关研究一直是一个热门的话题，并且伴随着不断的争议。

一、讨论：指数基金作为公司治理者的争议

一些学者对指数基金之于上市公司治理的作用抱有悲观的预期。依照他们的观点，指数基金作为采用被动投资策略的消极机构投资者，干预公司的激励不足，主要原因有三：

第一，被动投资策略模式可能带来的"被动"。指数基金并不会选择自己投资组合内的公司，而是无差别地跟踪其标的指数，并不区分公司治理的优劣（缪若冰，2022）。这意味着指数基金无法"用脚投票"（Appel et al.，2016；Farizo，2022；Heath et al.，2022），不会因为公司的治理情况好而买入，也不会因为公司治理情况不好而卖出，无法通过"退出威胁"提高公司治理水平，所以治理作用可能有限。

第二，指数化投资意味着以最低的成本分散化投资，这让指数基金即使想要治理也可能有心无力。分散化投资导致指数基金的投资组合内公司数量众多，改进组合内一家公司带来的收益对组合而言微乎其微（缪若冰，2022）。同时，指数基金精力和关注度有限，难以注意到组合内的每一家公司。即使要对组合内的公司进行改进，也需要额外的成本（Black，1991；Farizo，2022；Iliev et al.，2015），但是指数基金的被动投资策略使得指数基金的费率较低，干预带来的收入可能难以覆盖积极干预的成本（杨青 等，2019；Heath et al.，2022；Schmidt et al.，2017）。

第三，指数基金干预公司的治理存在"搭便车"的问题。指数基金虽然是公司内的重要股东，却不是公司内唯一的股东，甚至不是公司内部唯一的机构股东。如果指数基金积极干预公司，提高公司治理水平，那么由此带来的公司绩效提升将会惠及公司内所有机构投资者，但干预的成本却需要由指数基金独自承担（缪若冰，2022；Heath et al.，2022）。与具有相同投资目标的竞争对手基金分享治理收益（Grossman et al.，1980；McCahery et al.，2016；Shleifer et al.，1986）对于机构投资者来说并不是一个明智的选择。

这些质疑固然有一定道理，但从理论上来说不能把指数基金治理效应的可能性全盘否定。硬币有正反两面，许多事实和现象也是一体两面的。

指数基金本质的特征是无差别地跟踪标的指数，这也是学者们质疑指数基金治理能力的第一点原因，但同时，没有"用脚投票"的能力或许意味着柳暗花明又一村，不能随意抛售组合内公司股票也将其利益和组合内公司的利益长久地绑定在一起。对机构投资者而言，其参与治理的手段不外乎"用手投票"或"用脚投票"（Admati et al.，2009；Bharath et al.，2013；Kahn et al.，1998）。不能"用脚投票"，"用手投票"就是唯一而且正确的选择。在利益绑定的前提下，指数基金只有将手里的股份作为武器改进公司治理，才能保证自己的利益不受损害，获得更长远的利益（Appel et al.，2016；Crane et al.，2016；Dong et al.，2022；Farizo，2022）。先锋集团（Vanguard）投资管理部门的负责人格伦·布瑞恩（Glenn Booraem）也表示："We're riding in a car we can't get out of. Governance is the seat belt and air bag."[1] 先锋集团（Vanguard）创始人也有类似表述："the new INDEX fund rule is that if you don't like the management, fix the management because you can't sell the stock."[2]，因此，"INDEX funds are the … best hope for corporate governance[3]."

而指数基金最初被发明出来时的优点——以最低的成本帮助投资者获取分散化投资，也成为了指数基金在公司治理方面最受争议的原因之一。前文讨论的第二点也提到，许多学者认为指数基金不会主动参与到公司治理中的主要原因为指数基金改进组合内公司的激励不够：收取的管理费率低，难以覆盖可能付出的干预成本（Heath et al.，2022；Schmidt & Fahlenbrach，2017）。然而，不妨从另一个角度进行思考，尽管指数基金收取的管理费率不如主动型基金高，但是指数基金的规模却也不小，如果其积极干预公司，提升公司价值，将会产生丰厚的经济回报。卢伟尔等（Lewellen et al.）在2022年的研究也证明了这个角度的正确性，研究使用美国的基金作为样本，回答为什么机构投资者会主动干预公司治理，指出指数基金虽然管理费率较低，但由于其管理的资产规模庞大，依然存在足

---

① Sarah Krouse, David Benoit, and Tom McGinty. *Meet the new corporate governance power brokers: passive investors*, The Wall Street Journal（Oct. 24, 2016），https://www.fnlondon.com/articles/passive-investors-new-corporate-power-brokers-20161025.

② Christine Benz, *Bogle: INDEX funds the best hope for corporate governance*, MORNINGSTAR. COM（Oct. 24, 2017），http://www.morningstar.com/videos/830770/bogleINDEX-funds-the-best-hope-for-corporate-gove.html.

③ 同上。

够的经济激励。具体而言，指数基金参与公司的正面经济激励包括：①直接激励，代表其资产管理规模的直接增加带来的管理费用收入的增加；②间接激励，代表其干预行为吸引到的后续购买现金流的增加。经过计算，指数基金组合内的一家公司价值每增加1%，可以带来13.3万美元的超额管理费用收入。

至于讨论第二点中提到的精力与关注度有限的问题，对于部分指数基金而言，组合内公司的确多，但干预公司并不需要关心组合内部的所有公司，并为每个公司事无巨细地分析最合适的经营策略。它们完全可以只关注市场中具有共性和广泛影响的治理事项，推进市场内潜在的公司治理改革，这样一来，组合内公司数量众多反而是指数基金的优势，因为针对每个公司产生的边际治理成本下降了（Fisch et al.，2019）。退一步讲，指数基金针对组合内符合期待的公司也无须花费精力，只需要关注那些在共性问题中不符合自己期待的公司（Appel et al.，2016）。

而"搭便车"的问题，也就是讨论中的第三点，它并非指数基金所面对的特异性问题，而是所有机构投资者的共同问题。有学者使用主动基金的费率较指数基金更高来作为指数基金较主动基金而言更不愿意独自承担治理成本的论据，可争论的关键其实从来不是指数基金和主动基金谁更愿意去行动，而是在于指数基金有没有足够的激励去行动。是否干预公司的治理对于所有机构投资者而言本质上都是权衡的结果，在具有足够的经济激励时问题自然迎刃而解。前文提到卢伟尔在2022年的研究已经阐明了指数基金参与治理的现实经济激励可观，而指数基金作为在公司内长期持股的机构投资者，也必然会关注公司的长期绩效表现（Fisch et al.，2019）。

二、指数基金的潜力分析及可行性探讨

讨论完指数基金治理作用的争议后，本节接下来将会浅析对指数基金抱有乐观预期的研究主要持有的观点，讨论指数基金对于公司高质量发展的潜力。除了在讨论争议时提到的长期利益捆绑的激励（Appel et al.，2016；Crane et al.，2016；Dong et al.，2022；Farizo，2022）和提升组合资产、带来经济激励（Appel et al.，2016；Farizo，2022；Lewellen et al.，2022）两大常见因素之外，学界还提出了另外三个指数基金愿意改善公司治理的原因。

第一，出于竞争性目的。尽管指数基金本身按照规定需要长期持有公司的股票，公司不被标的指数剔除指数基金就不能减持，但是购买基金的投资者却是自由流动的。对于基金公司而言，旗下指数基金的竞争对手不仅仅是主动型基金，其他公司的指数基金也是他们的竞争对手。指数基金在资产管理行业不仅要和主动型基金抢客户，也要和指数基金抢客户（Fisch et al.，2019），遇到在意公司治理情况的客户，资产组合内公司的良好表现以及指数基金本身的主动治理行为可以帮助基金在未来吸引到更多的现金流（Farizo，2022）。

第二，组合固定带来的信息成本优势：指数基金没有选股成本。主动基金需要择时、选股，进而需要对组合内外公司的具体情况进行全面而综合的分析，一旦主动基金选择公开反对公司的管理层，可能会导致其在日后收集公司信息等需要管理层配合的环节遇到阻碍。而指数基金则不存在这方面的担忧，投资组合固定使其能够更积极地干预而不必担心管理层的报复（Hshieh et al.，2021）。

第三，指数基金较大的规模也可以为他们在参与公司投票或者其他治理途径时提供优势。指数基金较大的规模使得指数基金可以成为公司的"关键选民"（Fisch et al.，2019），这让管理层十分愿意配合他们的行动。不过美国市场内指数基金的市场份额已经在 2019 年超越了主动型基金的市场份额，而中国的指数基金的市场份额只能占到主动型基金的四分之一。尽管如此，指数基金在公司中的持股比例已经足以影响上市公司的决策。阿扎尔（Azar）等人在 2021 年研究 Big Three 的治理效应时，其样本内道富（SSGA）公司的指数基金持股比例平均而言只有 0.8%，但依然可以观察到其对样本内公司的治理起到了积极的作用，而非三巨头的指数基金持股同样可以捕捉到积极效果。2016 年阿佩尔（Appel）等人在罗素指数（Russell 1000/2000）的背景下发现在 0.5% 到 3% 范围内变动的指数持股比例可以影响公司的治理选择（周静，2019）。平均而言，样本中指数基金的持股比例数据大于 0.5%，可以认为其有潜力影响到上市公司的治理决策。

总的来说，学界认为指数基金具有积极治理作用的理由主要可以汇总出五个：①长期利益捆绑的激励（Appel et al.，2016；Crane et al.，2016；Dong et al.，2022；Farizo，2022）；②提升组合资产、带来经济激励（Appel et al.，2016；Farizo，2022；Lewellen et al.，2022）；③行业竞争压力（Farizo，2022；Fisch et al.，2019）；④组合固定的优势（Hshieh et al.，

2021）；⑤持股比例较高（Fisch et al.，2019）。

在讨论指数基金潜力的时候，除了需要对指数基金积极参与公司治理的动机和激励进行归纳分析，也需要详细阐述指数基金干预公司治理、影响公司决策的可行性。既然指数基金在卖出股票（exit）和主动干预（engage）之间只能选择主动干预，那么主动干预又存在一些什么样的途径？一般而言，大型机构投资者除了使用退出威胁（exit threat）作为手段，想要主动干预公司的决策主要分为两个途径：台前行使投票权或者幕后直联管理层干预（Carleton et al.，1998；Appel et al.，2016；McCahery et al.，2016）。那么同样作为机构投资者的指数基金除了不能卖出公司股票，按理说一样可以通过台前行使投票权或者幕后直联管理层两种方式对公司的决策进行主动干预。

事实上，的确有学者找到了指数基金通过公开表决的渠道影响公司治理的证据。2015 年，伊利耶夫和洛里（Iliev & Lowry）发现当指数基金在某公司的持股比例越高、某公司在指数基金投资组合中所占比重越大时，指数基金越有可能在投票时投出与投票顾问机构 ISS 的建议相反的选票，这也可以说明指数基金会在意他们大量持股的公司的治理情况。2022 年，法利兹（Farizo）的研究发现当公司内没有同一基金家族的主动型基金持股时，指数基金将会更积极地行使他们的投票权。不过，也有学者认为指数基金的投票总是更倾向于与管理层保持一致（Heath et al.，2022）。2019年，陈（Chen）等人的研究则说明以黑石（BlackRock）、先锋（Vanguard）为代表的指数基金很少对关于税收相关的提案进行投票。而对于中国而言，尽管中国监管部门倡导机构投资者依法行使表决权等相关权利，却并没有像美国一样强制规定共同基金必须履行投票的义务。同时，国内监管部门也并不要求机构投资者公开其投票数据，因此，国内指数基金是否会通过投票的途径影响公司治理暂且按下不表。

幕后直联管理层干预的方式对于指数基金而言也具有十足的可行性。谢赫（Hshieh）等人在 2021 年的研究就找到了指数基金幕后干预的证据，通过分析公司股东大会上讨论的议案，发现在指数基金持股比例更高的公司内，不利于治理的相关议案（如批准、修改、更新"毒丸计划"的相关议案）上会讨论的可能性更低，认为指数基金可能通过在股东大会之前影响可能提出的议案来实施幕后干预。而幕后干预的具体途径往往包括但不限于与直接与管理层进行书信、电话、会谈甚至公开喊话等方式的沟通交流（Azar et al.，2021）。那么中国国内的指数基金又是否会与管理层保持幕后沟通呢？表 3-1 中显示，华夏基金旗下指数基金产品规模最大，其总经理也不止一次地表示会积极和投资组合内公司的管理层进行直接沟通，改善公司的治理状况："2018 年以来，我们共与几十家上市公司就 ESG 相关问题有过深入的接触和沟通。"① "公司积极与上市公司沟通，通过定期交流以及股东大会投票等方式促进上市公司重视 ESG、完善公司治理。"② 市场份额位居第二的易方达基金的董事长詹余引也有类似表达："（易方达基金）与多家上市公司就管理层权责、加强信息披露、促进实现'双碳'目标等方面进行有针对性的沟通，充分履行股东的权利。"③

基于以上分析，本书认为尽管存在争议，指数基金依然可能有动机和途径参与公司治理，左右上市公司决策。那么其带来的影响是否有利于上市公司的高质量发展呢？前文已经提到了高质量发展的内涵以及上市公司作为经济的重要微观主体应该如何选择发展路径，走上自身的高质量发展之路。由于本书着重探讨高质量发展内涵中的创新发展和社会责任发展，本节接下来也会从这两个视角对指数基金潜在的影响进行分析。

如前文所述，指数基金是典型的消极机构投资者，其最本质的特征在于跟踪指数，只要一个公司被纳入了其所跟踪的标的指数，它是成份股一天，指数基金就不得不持有它的股票一天。指数基金这样的内在特质决定了指数基金不能"用脚投票"，只能被动地长期持有公司的股票。有学者直言，指数基金这样的被动型投资者，由于其利益长久地与公司绑定，也将会更加关注公司的长期表现（Fisch et al.，2019），换言之，这样长期、稳定的投资者，往往不会出于短期业绩目的而放任管理层的短视决策。

据已有研究，相较交易频繁的短期投资者，长期机构投资者更在意公司长期的发展，因此可以缓解公司管理层可能出现的短视行为（Bushee，1998；Gloßner，2019；Kim et al.，2019；Neubaum et al.，2006），有利于

---

① 黄慧玲，《华夏基金李一梅：ESG 已经变成重要且紧迫的事》，《财经》（Dec. 23, 2021），https://finance.sina.com.cn/hy/hyjz/2021-12-23/doc-ikyamrmz0725646.shtml

② 李树超，《重磅访谈！华夏基金李一梅：在基金业高质量发展中扮演"五大角色"》，《中国基金报》（Sep. 22, 2022），https://finance.sina.com.cn/money/fund/jjrw/2022-09-30/doc-imqqsmrp0034482.shtml

③ 常福强，《易方达基金董事长詹余引：做值得长期托付的资产管理公司》，《上海证券报》（Sep. 21, 2022），https://finance.sina.com.cn/money/fund/jjrw/2022-09-21/doc-imqm-mtha8124198.shtml

公司创新能力的提升（Harford et al.，2018）。管理层短视指为满足短期财务、市场目标，牺牲公司长远利益的行为（Bushee，1998；Chen et al.，2015；Kim et al.，2019）。可见，管理层的短期压力和短视主义得到缓解后，可以从更长远的角度和视野考虑公司的发展，进而在决策时会更多地考虑公司的长期价值。而在管理层短视得到缓解时，代表长期投资的创新研发投入往往可以得到提升（Bushee，1998；Graham et al.，2005）。因此，指数基金作为持股期限较长的机构投资者，当其在公司内的持股比例更高时，有潜力帮助公司提升创新能力，关注公司长期、高质量发展。

而企业社会责任角度也遵循着类似的逻辑。基于利益相关者理论而言，企业社会责任可以帮助公司降低诉讼风险（Shane et al.，1983；Waddock et al.，1997），降低现金流风险（Nguyen et al.，2020），降低营收风险和股价波动风险（冯丽艳 等，2016），提升公司的声誉（Hill et al.，1992；Titman，1984），最终提升公司的长期价值（Kim et al.，2019；Nguyen et al.，2020）。但公司管理层在进行决策时可能会为了满足短期财务业绩目标、市场价格目标而牺牲公司长期利益，表现出短视倾向。而企业社会责任投资作为一项长期、无形资产（Nguyen et al.，2020），很容易因为管理层短视决策而被牺牲。

指数基金作为拥有长期投资视野的机构投资者，更应该谋求企业的长期发展而非短期绩效，而这正好也是企业社会责任投资所需要的（Kim et al.，2019；Neubaum et al.，2006）。由此可见，指数基金作为持有期限较长的机构投资者，或可缓解企业短视现象，帮助公司提升社会责任水平，关注公司长期、高质量发展。

第四章　指数基金与公司创新能力

前文已经详细总结了指数基金的现状，分析了其可能存在的治理作用，讨论了一些关于它们能否、愿否、会否通过各种途径影响上市治理及高质量发展的争议。本章将会从公司创新能力的视角，详细探讨指数基金这一消极机构投资者的代表之于上市公司高质量发展的作用。

本章选择创新作为研究对象，一方面是因为在竞争激烈的市场经济环境下，能否持续保持领先的创新地位，是一个公司能否维持其市场长期领先地位的重要因素，对于指数基金这样的长期投资者，公司创新能力和绩效可以影响指数基金长期收益率。另一方面是因为，在最近十年，科技创新前所未有地被中国政府所重视。党的二十大报告中指出："教育、科技、人才是全面建设社会主义现代化国家的基础性、战略性支撑。"习近平总书记曾多次强调："科技是第一生产力。"而这十年，正好也伴随着指数基金在中国的膨胀式发展。这不仅提出了一个疑问——指数基金能否在中国上市公司的创新上发挥积极作用？也为研究指数基金对上市公司高质量发展的影响提供了良好的素材。

本章将从引言、理论分析与研究假设等实证常规范式的九个方面分析探究指数基金持股对于上市公司创新能力的作用，探讨指数基金之于上市公司高质量发展的潜力。

第一节　本章引言

在现代公司治理理论中，降低代理成本、最大化股东利益的制度安排是"激励与监督"和"退出"（Admati et al.，2009；Bharath et al.，2013；Kahn et al.，1998；Meckling et al.，1976；Schmidt et al.，2017）。不管是机构还是个人，都可以通过"用手投票"的方式实现对公司代理人的激励和监督，或者在二级市场上将股票卖出、通过"用脚投票"的方式来保护自己的利益。指数基金是一类特殊的机构投资者，只要它所投资的成份股没有被所跟踪的指数剔除，指数基金就必须一直持有该股票，指数基金不能通过清仓卖出股票这一方式保护自己的利益。随着指数化消极投资在全球的兴起，指数基金已经逐渐成为现代金融市场最重要的机构投资者之一。最近有很多文献关注指数基金对股价和市场风险的影响（张维 等，2020；Glosten et al.，2021；Harford et al.，2005；Israeli et al.，2017；Kamara et al.，2008；Schoenfeld，2017；Stambaugh，2014；Sullivan et al.，2012），但很少有文献、特别是实证研究文献关注指数基金对公司治理的影响。本章拟基于中国证券市场的指数基金，探讨指数基金对上市公司高质量发展的作用。我们以公司创新作为切入点，研究这样的问题：消极投资者对公司的创新有消极作用还是积极作用？这样的作用效果在不同的样本中是否存在区别？这一作用是如何发生的，它们又是通过什么途径影响到上市公司的创新能力的？

事实上，在世界范围内，指数基金是否能对公司的治理、决策产生影响一直以来都是学界和业界中极具争议的话题。一方面，指数基金可以通过"消极投资+积极参与"的方式对公司治理、决策产生积极的影响。根据詹森的两权分离模型，股东如果不能退出，还可以通过参与股东大会、与公司管理层私下沟通等方式实现对公司管理层的激励和监督。事实上，就业界现状而言，美国最早的指数基金先锋基金（Vanguard）创始人也是这样说的："The new index fund rule is that if you don't like the management, fix the management because you can't sell the stock"[1]（Benz，2017），因此，"INDEX funds are the … best hope for corporate governance"[2]。也就是说，指数基金会积极参与公司治理是基于这样的逻辑：①利益绑定观，即指数基金投资组合的长期收益将主要地取决于成份股上市公司的长期业绩表现，因此指数基金"应该"以一个长期投资者的身份来监督公司的管理层。②竞争观，在与主动管理基金争夺客户的竞争中，指数基金也希望投资者能够明白，它们并非指数的被动投资者，而是能够通过影响成份股上市公

---

① Christine Benz, *Bogle*: *index funds the best hope for corporate governance*, MORNINGSTAR. COM（Oct. 24, 2017），http://www.morningstar.com/videos/830770/bogleINDEX-funds-the-best-hope-for-corporate-gove.html.

② 同上。

司的治理进而积极影响股价的资产管理者（Fisch et al.，2019）。

另一方面，"可以如此"并不意味着"就是如此"，指数基金也可能存在消极对待持股上市公司的潜在倾向，同样也存在业界数据和学界研究的支持倾向。由于被动管理，指数基金收取的费率远远低于主动基金，较低的收费难以支撑和覆盖高成本的公司监督（Bebchuk et al.，2019）。在上述情况下，指数基金要么放弃对公司监督的权利、对公司不闻不问，要么屈从于成份股上市公司的管理层。两种可能都意味着，指数基金存在弱化，甚至扭曲上市公司治理的可能性。

迄今，学术界对这一问题并没有定论，特别是缺乏实证论文给予佐证。本章的实证研究将有助于提供一个新的强有力的佐证。

本章选择公司创新作为切入点，研究指数基金对上市公司高质量发展的影响。之所以选择创新作为研究对象，一方面是因为在竞争激烈的市场经济环境下，能否持续保持领先的创新地位，是一个公司能否维持其市场长期领先地位的重要因素（Porter，1992），对于指数基金这样的长期投资者，公司创新能力和绩效是影响指数基金长期收益率的重要因素。另一方面是因为，在最近十年，科技创新前所未有地被中国政府所重视。党的二十大报告中指出："教育、科技、人才是全面建设社会主义现代化国家的基础性、战略性支撑。"习近平总书记曾多次强调："科技是第一生产力。"而这十年，正好也伴随着指数基金在中国的膨胀式发展。这不仅提出了一个疑问——指数基金能否在中国上市公司的创新上发挥积极作用？也为研究指数基金对上市公司高质量发展的影响提供了良好的素材。

在本章中，使用国泰安数据库（CSMAR）中的基金持股数据分别计算每个上市公司中指数基金持股比例的多少，INDEX 作为本章的解释变量。同时，本章使用创新投入和创新产出两方面的数据对上市公司的创新能力进行衡量，并使之作为本章研究的被解释变量。首先，本章使用公司的创新研发投入占总资产的比重（RDr）衡量上市公司的创新投入，其次，本章也使用公司专利授权的数量（PatentG）衡量上市公司创新产出。由于股权分置改革前后上市公司的股东结构等方面信息并不一致，而股权分置改革于 2006 年年底基本完成[①]，同时，2007 年 1 月 1 日起中国开始实施新企

---

① 见股权分置改革基本完成 http://www.gov.cn/ztzl/gclszfgzbg/content_554986.htm.

业会计和审计准则①，新旧准则实施前后的财务数据统计规则也并不相同。考虑到上述两方面的影响，本章最终选择 2007—2020 年上市公司数据。

本章发现，指数基金持股比例更高的公司拥有显著更高的创新研发投入水平和创新产出水平。指数基金持股比例每增加 1 个单位，创新研发投入占比（RDr）与专利获取数量（PatentG）就分别增加 0.072 3 个单位和 0.031 7个单位。本章通过更换时间段和更换衡量方式等途径确保了结论的稳健性，同时对指数基金对公司创新能力影响的内生性也进行了处理。针对可能存在的内生性问题，本书进行了两个方面的尝试，使用了增量模型（Change Regression）以及工具变量（Instrument Variable）。这些处理之后，本章的结论依旧稳健不变。

异质性分析发现，指数基金对公司创新能力的正面效应，在民营企业、面临创新紧迫性更高的企业和市场经济发达地区的企业中更为显著。本章同样考虑了对指数基金本身进行分类，发现在指数基金中，那些本身规模较大的、跟踪大盘股的指数基金，对于上市公司创新能力的正面作用也更加显著。

进一步地，指数基金通过何种机制给上市公司创新带来正面影响，也是本章关注的重要问题。我们猜测，指数基金可能通过缓解外部市场压力和提升内部治理水平两个渠道来影响成份股上市公司的创新。第一个渠道是外部市场，也就是股价，指数基金可能通过缓解管理层的短期股价压力来为管理层提供长期发展视角。中国证券市场只有三十年发展历史，具有较大的投机性，短视和不成熟的中小散户投资者喜欢追涨杀跌，对股价有着重大的冲击，股价的变化给公司管理层带来巨大的短期压力。指数基金作为市场上长期投资的"大玩家"，应该能够抵制市场的波动，降低市场的投机程度，提升股东结构的稳定性，这些都有助于减轻管理层的短期市场压力，从而为中长期的公司创新创造良好的氛围。我们以指数成份股公司流通股的年换手率来衡量股票的投机性，以机构投资者持股的方差来衡量股东的稳定性。前人的研究也指出，较低的股票换手率水平（Fang et al., 2014）以及更稳定的股东结构（Chen et al., 2015；Luong et al., 2017；Sakaki et al., 2019）都有助于提升公司的创新水平。结果显示，指

① 见新企业会计和审计准则 2007 年 1 月起施行 http://www.gov.cn/govweb/banshi/2006-10/11/content_409881.htm.

数基金持股比例更高的上市公司，其拥有的年度股票换手率显著更低，其内部机构投资者持股的稳定性显著更高，指数基金持股比例每上升 1 个单位，公司的年度股票换手率（Ytnor）及公司的机构投资者持股比例年内标准差（Isd）将分别显著下降 0.048 6 个单位和 0.337 个单位，这可以为上市公司的创新能力提供一个较为稳定的外部环境。

第二个渠道是指数基金的内部治理作用，也就是指数基金可以通过容忍管理层短期内的平平表现来为上市公司提供较好的环境以孕育其创新能力。指数基金作为长期投资者，其对管理层的评价将更着重于其长期表现，因此能够更大程度地容忍管理层短期内可能较差的业绩。基于此，我们猜测指数基金将有助于降低成份股上市公司管理层的更替水平。同样作为长期持有者，指数基金有更多的渠道建立与成份股上市公司管理层的沟通，例如私下的交流和沟通、参与股东大会投票支持管理层，等等。由于在中国，指数基金并不公开其与成份股上市公司管理层的私下沟通信息，本章只能通过上市公司管理层的离职率来衡量指数基金的内部治理作用。不少文献对于管理层离职风险所存在的抑制创新作用给出了经验证据，指出对失败的容忍度较高的氛围能有效缓解管理层的短视并提升上市公司的创新水平（Chen et al.，2015；Luong et al.，2017；Sakaki et al.，2019）。而本章结果显示，指数基金持股比例较高的上市公司，其管理层的离职率显著更低，指数基金持股比例每上升 1 个单位，公司的管理层离职概率（TurnR）将会显著下降 0.313，这可以为管理层提供容忍失败的环境，有利于公司创新的发展。

本章证实了以指数基金为代表的消极机构投资者对上市公司的创新有着积极的影响，主要的贡献如下。

第一，本章的研究首次基于公司创新的视角，为指数基金对上市公司高质量发展的积极效应提供了实证证据。指数基金是作为与主动管理基金相对应的金融创新出现的。作为一种低成本、高流动的投资组合资产，学者们更多地关注指数基金对股价（收益率、流动性、波动性和风险）的影响（张维 等，2020；Glosten et al.，2021；Israeli et al.，2017；Stambaugh，2014），较少关注其对公司治理、决策方面的影响。并且由于其被动管理和消极投资的特征，一些学者甚至对其治理作用有着悲观的预期（Heath et al.，2022），而本章的实证结论可以为指数基金的相关理论提供全新的经验证据。

第二，本章也首次探讨了消极投资者对公司治理的积极效应是如何发生的这一重要问题。我们的研究发现，指数基金主要通过降低市场价格的短期压力、带来更低的管理层更替率这些渠道，为管理层创造良好的中长期发展环境，实现对公司创新的积极影响。本章的研究也进一步丰富了有关不同类别机构投资者对公司创新影响的文献。

第三，目前学界关于指数基金对公司治理、决策影响的文献基本上都是对欧美发达国家的研究（Appel et al.，2016，2019；Hshieh et al.，2021；Iliev et al.，2015），对中国这种新兴市场的研究非常少。本章的研究为所有对中国证券市场感兴趣的学者和国际投资者勾画了中国指数基金及其与上市公司高质量发展之间的关系，将有助于人们更加深入和全面地了解中国这样的新兴证券市场的运行规律和特殊性。

第四，本章对上市公司创新能力的相关理论进行了补充，进一步丰富了其经验证据。技术创新一直以来都是各个国家重点关注的问题，提升创新能力同样也是主要微观经济主体保持竞争力的重要途径（Porter，1992）。因此，如何提升上市公司的创新能力在学术界一直被广泛地讨论（林志帆 等，2021；Brav et al.，2018；Harford et al.，2018）。已有研究已经论证机构投资者，如长期机构投资者（Harford et al.，2018）、境外机构投资者（Bena et al.，2017；Luong et al.，2017）能够显著提升其所持股公司的创新能力，本章的结论为以指数基金为代表的消极机构投资者对于创新的正面作用给出了相应的经验证据，丰富了创新相关的理论。

第二节　理论分析与研究假设

一、指数基金持股与公司创新

如前文所述，指数基金是典型的消极机构投资者，只要一个公司被纳入了指数基金所跟踪的指数，它是成份股一天，指数基金就不得不持有它的股票一天。指数基金的内在特质决定了指数基金不能通过"用脚投票"来行使自己的权利，只能被动地长期持有公司的股票。

相较于短期投资者而言，交易不多的长期机构投资者更在意公司长期的发展，可以缓解公司管理层可能出现的短视行为（蒋艳辉 等，2014；曾春华 等，2019；Bushee，1998；Gloßner，2019；Kim et al.，2019；

Neubaum et al.，2006）。管理层的短视焦虑得到缓解后，往往能以更长远的眼光考虑公司长久的发展，进而在决策时更多地侧重公司的长期价值。而创新研发投入可以视为长期投资的代表，当管理层短视得到缓解时，创新研发投入往往可以得到提升（曾春华 等，2019；Bushee，1998；Graham et al.，2005）。

具体而言，指数基金可能影响公司决策的途径往往包括台前参与表决（Farizo，2022；Iliev et al.，2015）和幕后与管理层沟通（Azar et al.，2021；Hshieh et al.，2021），但国内的指数基金并不公布其投票数据及其与管理层之间沟通的数据，因此只能通过其他间接渠道分析指数基金对创新的潜在影响。从市场角度来说，指数基金作为市场上长期投资的"大玩家"，应该能够抑制市场的波动，降低市场的投机程度，提升股东结构的稳定性，这些都有助于减轻管理层的短期市场压力，从而为中长期的公司创新创造良好的氛围。从公司内部角度来说，指数基金作为长期投资者，其对管理层的评价将更着重于其长期表现，因此能够更大程度地容忍管理层短期内可能较差的业绩，为创新提供一个较为包容的环境。

因此，基于短视主义理论，指数基金作为持股期限较长的机构投资者，当其在公司内的持股比例较高时，有潜力帮助公司提升创新能力，关注公司长期、高质量发展。于是提出本章第一个假设。

假设4-1：其他条件相同时，指数基金持股比例的上升，可以显著提升公司的创新能力。

二、指数基金、股权性质与公司创新

国有企业作为中国独特制度背景的特殊产物，与民营企业的股权结构大相径庭。国有企业的大股东往往是国有资产，国有企业的经理人相较于民营企业经理人而言，对于创新没有那么迫切的需求（唐跃军 等，2014；吴延兵，2012；徐晓萍 等，2017；Hu et al.，2009；Lin et al.，2010；Megginson，2005；Rong et al.，2017）。这是因为国有企业的经理人并不能享受到创新研发带来的利益，但是却需要承担创新研发失败所带来的风险——一旦创新研发失败，他们可能面对潜在的离职风险。因此，相较于民营企业，国有企业的创新动力有限，其创新动机远没有民营企业那么迫切。

国有企业创新动机相对不足，因此指数基金能为民营企业带来的创新效应就可能更高。那么现实中是否如此呢？究竟哪种产权性质的公司受到指数基金的影响更大？中国市场中同时存在国有企业与民营企业两种类型的企业，为回答这一问题提供了极佳的研究样本。因此，提出本章第二个假设。

假设4-2：其他条件相同时，在民营企业中指数基金对于上市公司创新能力的正面作用更显著。

三、指数基金、创新紧迫性与公司创新

安萨尔和雷菲尔德（Unsal & Rayfield）在2019年的研究重点关注医药行业企业。医药行业相较于其他行业而言，对技术创新的依赖程度相对更高，因此，医药行业内的上市公司对于创新研发投入量、专利的产出量等也具有极大的需求，且机构投资者作用在创新需求更迫切、创新更紧急的行业更大。

类似地，中国国内公司中创新能力达到一定标准后可以申请高新技术企业资质，拥有高新技术企业资质的企业具有较高的创新水平，业务十分依赖于其高新技术产品与服务，涵盖了国内的医药行业以及其他代表国内最前沿科技的行业，其创新的迫切程度相较于其他公司而言更高。创新急迫性之于这些公司，正如创新急迫性之于医药行业企业，但是其样本更加全面、综合。

同理，在整体创新产出水平本就较高的行业内，其本身的创新竞争压力就会更高，行业内企业所面临的创新紧迫性也更高，它们的创新迫切程度相较于其他公司而言自然也更高，样本相较于单一的医药行业而言也会更加全面、综合。

通过以上两个方面对公司所面临的创新紧迫性进行分组，本章认为，相对于面临的创新紧迫性更低的公司而言，拥有较高创新紧迫性的企业受到指数基金带来的创新效应的影响可能更大。因此，提出本章第三个假设。

假设4-3：其他条件相同时，在面临创新紧迫性较高的上市公司内指数基金对于上市公司创新能力的正面作用更显著。

四、指数基金、注册地市场化程度与企业创新

发达国家的市场化水平、资源配置效率相较于发展中国家都更高，也更加平衡。而对于中国这样的新兴市场，不同地区的市场化发展程度是极

不平衡的。在这样的情境下，不考虑各地的市场化程度，将其视为统一的整体进行研究存在局限。

市场化程度强调市场配置资源的作用。水平较高就说明该地的市场在资源配置中能够起到较好的调节作用，而一地市场化水平较低，就说明该地的市场在资源配置中起到的作用相对有限。中国国内一般使用王小鲁等（2019）编制的市场化程度指数来衡量一地的市场化水平。

国内许多研究表明，企业的创新能力在市场化程度更高的地方会更加活跃（孙早 等，2014），这意味着更强的市场化程度可以带来更强的资源配置能力和资源利用能力。据此逻辑，市场化程度高带来更强的资源配置能力，这有助于积极调节指数基金对公司创新的促进作用。因此，提出本章第四个假设。

假设4-4：其他条件相同时，在注册地市场化程度较高地区的上市公司中指数基金对于上市公司创新能力的正面作用更显著。

五、指数基金类型与企业创新

与美国的指数基金市场相比，中国证券市场内的指数基金目前而言有两大不同：①美国证券市场内的指数基金具有较高的集中性，头部指数基金公司的指数基金产品占据了绝大部分的市场份额（Bebchuk et al.，2019），而中国的指数基金则较为分散，集中性较低。例如，如表3-1所示，截至2023年1月，中国国内的前5大指数基金公司的市场份额占有率不到40%。②美国证券市场内追踪大盘股指数的指数基金具有绝对的优势，而就中国证券市场内指数系统的发展程度而言，还没有哪一类的指数基金可以说在市场内占据了绝对的优势地位（Bebchuk et al.，2019）。沪深300指数、上证50指数、上证180指数是目前中国证券市场内最为重要的三个大盘股指数，其被指数基金持有的份额也不到3%，远远低于美国市场内跟踪"标普500"指数的指数基金持有份额。

正由于上述原因，中国证券市场内的指数基金呈现出一种数量众多但集中度较低的现状。不过，这也并非一种缺陷，这样分散的分布结构同样也能为跟踪大盘股的指数基金带来一些额外的、潜在的重要性：①目前来说，跟踪大盘股的指数基金一般由中国国内具有领先地位的基金公司发行，它们对于市场而言具有较大的影响力。②跟踪大盘股的指数基金是中国国内首先发展起来的一批指数基金，对国内的市场较为熟悉。而一些行业类型指数基金、基本面类型指数基金（如跟踪"上证红利"指数的指数基金）则是近几年才发展起来的。相较而言，跟踪大盘股的指数基金可以受到更多的关注。③未来，随着指数基金进一步发展，其市场对于中国证券市场来说会越来越重要，市场参与者之间的竞争也会越来越激烈。有目标和野心的指数基金公司在这样的情况下也将竭尽所能打造出自己的招牌，赢得自己的市场份额。而毫不意外的是，跟踪大盘股的指数基金也将会是头部指数基金公司的金牌产品。因此，对于未来高度竞争的中国指数基金市场而言，头部基金公司的管理风格、基金经理和成份股之间的交互、指数基金对于公司治理的干预或参与，不仅可以获取其竞争者的注意力，还可以对成份股公司本身和购买基金产品的投资者产生深远的影响。

基于上述分析以及目前中国证券基金市场的现状，本书相信即便指数基金市场现阶段集中度并不高，但跟踪大盘股的指数基金依然具有较大的影响力和重要的地位，是市场的中坚力量。因此，本章使用指数基金本身的规模和其所跟踪指数的规模对指数基金进行划分，并提出下列假设。

假设4-5：其他条件相同时，大盘股指数基金对上市公司创新能力的正面作用更强。

假设4-6：其他条件相同时，大规模指数基金对上市公司创新能力的正面作用更强。

第三节　研究设计

一、样本与数据来源

本章选用2007—2020年全体 A 股上市公司数据，研究指数基金持股比例对公司创新能力的影响。本小节将从相关数据及样本处理原则四个方面对本章研究所选样本及数据进行详细介绍。

（一）指数基金持股比例数据

在本章的研究中，指数基金持股数据来源于国泰安数据库，其中包含各个基金各个季度披露的详细持股信息。由于季报只披露前十大重仓股而非全部持仓，因而本章仅使用半年报和年报计算指数基金对于某公司的年均持股值。

具体而言，针对数据库提供的全体基金的持股数据，本章首先使用以下两条原则对指数基金进行筛选：①基金名称中包含如"指数""综指""成指""ETF""交易型开放式""沪深 300"等可以表明指数基金身份的字段的基金；②万得数据库中给出了其所跟踪指数。本章将国泰安数据库内所有基金中满足上述两条原则中任何一条的基金标记为"指数基金"，其余的基金则是非指数基金。

由于每家上市公司可能被多个指数基金同时持有，本章需要先计算每家公司每半年内的指数基金持股比例总和，再将半年报数据与年报数据取平均，得到某家公司的年均指数基金持股比例。

（二）上市公司创新能力数据

本章研究指数基金持股对于上市公司创新能力的影响，主要从创新投入和创新产出两个方面衡量：使用上市公司的创新研发投入占总资产比例衡量创新投入，使用上市公司的专利获得数量衡量创新产出。创新投入和创新产出数据均来自 CNRDS 数据库。

（三）其他上市公司相关数据

本章研究所使用的上市公司名录、基本信息、行业信息等数据来自国泰安数据库，样本内包含 2007—2020 年"公司—年度"面板数据 27 950 条。此外，本章除了上市公司指数基金持股数据、上市公司创新能力数据之外，还用到一些上市公司的股权结构数据、财务数据等作为回归分析的控制变量，如非特意提及均来自国泰安数据库。

（四）样本处理原则

本章根据以下原则对数据进行剔除：①在样本研究期间内曾经被标记为 ST 或 ST* 的上市公司；②金融行业的上市公司；③样本研究期间内数据有缺失的上市公司。根据上述三条原则对样本数据进行剔除后，样本内剩余上市公司 3 520 家，共计"公司—年度"数据 27 950 条（不过，PatentG 数据删除缺失值后只有 24 357 条，而 RDr 数据删除缺失值后只有 22 186 条），所有连续变量均在 1% 和 99% 水平上进行缩尾处理。

二、关键变量

本章试图研究指数基金持股是否会对上市公司的创新能力产生影响，而本小节将从三方面介绍研究所用到的关键变量。

（一）解释变量

本章拟回答的关键问题在于指数基金的持股比例对于上市公司创新能

力能否产生影响，因此解释变量自然是指数基金的持股比例，即 INDEX。

表 4-1 对样本研究期内的 INDEX 进行了详细的刻画，从表格中不难发现，指数基金所有权平均值稳定在 0.5%，最大值为 9%，出现在 2015 年。

表4-1　指数基金持股比例分年度基本情况　　　　单位:%

年度	样本量	平均值	标准差	最小值	最大值
2007—2020	27 950	0.522	0.961	0	9.001
2007	950	0.263	0.414	0	1.721
2008	1 024	0.287	0.478	0	2.071
2009	1 122	0.38	0.647	0	2.891
2010	1 414	0.481	0.826	0	3.825
2011	1 665	0.439	0.834	0	4.172
2012	1 810	0.543	1.031	0	5.730
2013	1 785	0.517	0.986	0	5.195
2014	1 854	0.560	0.929	0	4.301
2015	2 026	0.768	1.409	0	9.001
2016	2 264	0.650	1.177	0	8.106
2017	2 696	0.442	0.814	0	5.380
2018	2 863	0.483	0.864	0	4.840
2019	3 049	0.572	0.955	0	4.876
2020	3 428	0.561	0.990	0	5.053

（二）被解释变量

本章研究对象为公司创新，使用投入和产出两方面的因素对其进行衡量，创新投入考虑公司的创新研发投入额，创新产出考虑上市公司的专利获取数量。

创新投入方面，各个公司的创新研发投入各不相同，其中，规模不同的公司其创新研发投入的规模更是大相径庭，因此考虑创新研发投入时需剔除公司规模影响。参考何与田（He & Tian）在 2013 年的研究，本章选择使用公司创新研发投入额除以其公司总资产后得到的值——RDr，作为本章创新投入部分的代理变量，其也是本章的被解释变量之一。而在稳健性检验部分，参考 2013 年阿吉翁等人的做法，本章同时使用未剔除规模影响的值，公司创新研发投入额的自然对数——lnRD，作为稳健性检验部分的被解释变量。在稳健性检验部分，考虑到可能存在的滞后效应，本章同时使用下一期的值作为被解释变量。

产出方面，公司的专利数据包括申请和获得数据，参考前人的研究（Acharya et al.，2009；Amore et al.，2013；He et al.，2013；Harford et al.，2018），本章认为公司专利的获得数据相较于专利申请数据来说更能反映公司的实际创新能力，因此本章使用公司下一期的专利获取数据——PatentG，作为本章的被解释变量之一。但不可否认的是，尽管专利申请数量作为被解释变量可能没有专利获取数量合适，但是它依然是可以反映公司创新能力的重要指标。因而，参考巴兰丘克（Baranchuk）等人2014年的研究，本章也使用上市公司的专利申请数量——PatentA，作为本章稳健性检验部分的被解释变量，以确保本章结论的稳健。此外，考虑到专利获取的时滞效应，本章同时使用更长期内的专利获得数量作为稳健性检验部分的被解释变量。

（三）控制变量

本章的研究一共选择了12个控制变量，均是公司层面的特征变量。参考前人的论文（Amore et al.，2013；Baranchuk et al.，2014；He et al.，2013），本章控制了公司层面的特征，包括其他类型基金持股、公司规模、资本结构、利润水平、市值水平、发展水平、股权结构、CEO及董事会特性等。

首先，公司规模对公司创新能力和意愿都有显著影响，研究公司创新必不可能绕过公司的规模，因而本章使用公司资产负债表中的总资产值的自然对数——Size，作为衡量公司规模的代理变量，并将其加入回归模型进行控制。其次，参考阿查里亚和苏布拉马尼安（Acharya & Subramanian）2009年的论文，本章也在研究过程中控制了公司的每股净资产与每股价格的比值，也就是账面市值比——BM。再次，公司的负债水平同样可以影响一个公司的投资决策，而创新研发投入也是投资决策中较为重要的部分，因此本章也考虑对公司的债务水平进行控制，使用最广泛的负债水平指标即为公司的财务杠杆水平——Lever。然后，公司的经营性现金流水平、资本支出、净利润水平也与公司的研发意愿密切相关。因此，本书使用这几个指标剔除公司规模影响之后的值——CFO、CapExp以及ROA，作为其各自的代理变量并在回归模型中对他们加以控制。再然后，公司的可持续经营能力对公司的创新意愿同样具有一定的影响，因而，我们同样加入公司的可持续增长率——Growth，作为模型控制变量。最后，第一大股东持股比例（Top1）、其他类型基金持股水平（OtherFund）、CEO 兼任董事长（Duality）、董事会规模（BoardSize）、独立董事比例（IndRate）变量也可能影响公司的创新水平。

本小节所述的所有变量均已在表 4-2 中列示。

表 4-2　研究涉及的关键变量

解释变量	$INDEX_{i,t}$	指数基金第 t 年在公司 i 的持股比例总和（%）
被解释变量	$PatentG_{i,t+1}$	公司 i 在第 $t+1$ 年的专利获得数量的自然对数
		PatentG =ln（专利获得数量+ 1）
	$RDr_{i,t}$	公司 i 在第 t 年的创新研发投入额占公司总资产规模的比例（%）
控制变量	$OtherFund_{i,t}$	其他基金第 t 年在公司 i 内的持股比例（%）
	$Size_{i,t}$	公司 i 在第 t 年的公司规模 Size =ln（总资产）
	$BM_{i,t}$	公司 i 在第 t 年的账面市值比
	$Lever_{i,t}$	公司 i 在第 t 年的财务杠杆水平（%）
	$CFO_{i,t}$	公司 i 在第 t 年的经营性现金流水平（%） CFO=经营性现金流/总资产
	$Growth_{i,t}$	公司 i 在第 t 年的可持续增长率
	$CapExp_{i,t}$	公司 i 在第 t 年的资本性支出水平（%） $CapExp$=资本性支出/总资产
	$Duality_{i,t}$	公司 i 在第 t 年的 CEO 是否兼任董事长
	$IndRate_{i,t}$	公司 i 在第 t 年的董事会中独立董事占比
	$BoardSize_{i,t}$	公司 i 在第 t 年的董事会成员数量的自然对数
	$Top1_{i,t}$	公司 i 在第 t 年的第一大股东的持股比例（%）
	$ROA_{i,t}$	公司 i 在第 t 年的资产净利润率（%） ROA = 净利润 / 总资产

三、研究分组规则

本章在研究上市公司指数基金持股对企业创新能力的影响的基础上，还将继续探索不同子样本中指数基金持股对于上市公司创新能力作用的差异，因此，本章在异质性分析部分将会按照以下三个原则对样本进行分组：①国有企业与民营企业的不同；②具有较低创新紧迫性的公司与具有较高创新紧迫性的公司的不同；③低市场化程度地区内注册的公司与高市场化程度地区内注册的公司的不同。

除了考虑子样本间潜在的不同之外，本章也考虑了指数基金本身的异质性对于结果的影响和调节，因此，本章也尝试将指数基金本身分为不同的类型并分别考虑其不同的作用效果，依据如下：①大盘股指数基金与小盘股指数基金；②资金规模较大的指数基金与资金规模较小的指数基金。

以上提及的五个方面，将会在接下来的行文中对其分组依据进行详尽介绍。

（一）国有企业与民营企业

本章使用国泰安数据库（CSMAR）提供的股权性质数据对研究的数据样本进行划分。当公司是国有企业时，SOE 取值为 1，反之为 0。

（二）创新紧迫性

上市公司的类型对上市公司创新需求和创新意愿的影响其实非常大。举个例子，对于零售型企业而言，它们为顾客提供的服务就是他们的重要收入来源，技术创新对于它们来说不仅没有必要，还可能会画蛇添足、损害利润。而同样的结论则无法完全适用于手机行业、计算机行业、芯片行业等依赖创新的行业，不同类型的上市公司必然有着完全不同的创新需求。

因此，本章考虑高新技术企业资质。上市公司是否具有高新技术企业资质的数据来自于国泰安数据库，如果一家公司在一年内被认定具有高新技术企业资质，则 ifGX 取值为 1，否则 ifGX 取值为 0。

此外，本章也将通过后文的表 4-5 对分行业的创新产出情况进行统计，并选出本身创新产出情况较好的行业作为创新竞争能力较强、创新紧迫性较高的行业，包括采矿业（B）、制造业（C）、建筑业（E）、信息传输、软件和信息技术服务业（I）以及科学研究和技术服务业（M）。将这些行业内的公司标记为创新紧迫性较高的公司，其虚拟变量 GXplus 取值为 1，其他行业内的公司的 GXplus 取值为 0。

（三）市场化程度

上市公司并不是一个不可分割的整体，正如可以被分为国有企业与民营企业一样，上市公司注册地的不同也可以为之带来不同的特征。上市公司面临不同地区内不一样的市场化程度，可能导致不同地区的上市公司出现不同的创新偏好，从而导致指数基金的潜在效果并不相同。因此，我们继续探索在面对不同市场化程度的公司之间，指数基金的潜在效果是否存在显著差异。本章使用王小鲁等（2019）编制的市场化指数每年的中位数作为分组依据。面对市场化程度较高的公司，则 MIHig 取值为 1，反之 MI-Hig 取值为 0。

（四）跟踪大盘股与跟踪小盘股

由于中美证券市场的不同，国内没有一个类似于"标普 500"指数基金的占据绝对优势地位的大盘股指数基金，本章只能根据指数基金所跟踪的指数的市值将指数基金分为跟踪大盘股的基金和跟踪小盘股的基金，具体的分组方法如下：

首先，本章手工梳理样本内指数基金所跟踪的指数，共计 331 个。于是本章在万得数据库中各个指数介绍页内分别手动下载这 331 个指数 2007—2020 年各年 12 月 1 日的成分数据。同时下载万得数据库中提供的各年 12 月 1 日的各个上市公司的市值数据备用。

其次，本章将各个指数的成份股的市值取平均，得到各个指数的平均市值，$repCap_{j,t}$，下标 j 和 t 分别代表指数 j 和第 t 年，于是每一年一共可以得到 331 个 $repCap_{j,t}$。

再次，本章将各年的 $repCap_{j,t}$ 按照从小到大的顺序排列好，得到每一年内 $repCap_{j,t}$ 的中位数，MRC_t。

最后，当各个指数的平均市值 $repCap_{j,t}$ 大于中位数市值 MRC_t 时，本章认为该指数为大盘股指数，当指数的平均市值 $repCap_{j,t}$ 小于中位数市值 MRC_t 时，本章认为该指数为小盘股指数。而大盘股指数基金跟踪大盘股指数，其在公司的持股比例记为 $INDEX_{la}$，小盘股指数基金在公司的持股比例记为 $INDEX_{sm}$。

（五）指数基金规模

机构投资者和个体投资者除了专业程度的不同之外，两者之间还存在一个不容忽视的重要区别，那便是规模的不同。机构投资者相较于个体投资者而言，往往具有规模带来的优势，进而可以对公司产生更大的影响。与个体投资者和机构投资者之间的这个差别带来的不同后果类似，规模较大的指数基金和规模较小的指数基金同样可能具有不同的潜在治理效果。

因此，本章从万得数据库中下载了 2007—2020 年所有基金的规模数据，将样本内所有指数基金按照基金规模的中位数进行分组。如若指数基金的规模大于中位数规模，则认为该指数基金是大规模基金，规模较大的基金在公司的持股比例记为 $INDEX_{laS}$，反之，则认为该指数基金是规模较小的指数基金，其在公司的持股比例记为 $INDEX_{smS}$。

四、研究模型设计

本章以公司创新能力作为切入点，研究指数基金对于上市公司高质量发展的作用，主要探究指数基金在公司的持股比例对于上市公司创新能力的影响。考虑到创新投入和创新产出两个方面，本书使用如下两个固定效应模型对研究问题进行分析：

$$RDr_{i,t} = \alpha + \alpha_1 INDEX_{i,t} + \sum_{k=2}^{K} \alpha_k Controls_{i,t} + \lambda_t + \delta_i + u_{i,t} \quad (4-1)$$

$$PatentG_{i,t+1} = \alpha + \alpha_1 INDEX_{i,t} + \sum_{k=2}^{K} \alpha_k Controls_{i,t} + \lambda_t + \delta_i + u_{i,t}$$
$$(4-2)$$

模型（4-1）探讨指数基金持股对于上市公司创新投入的影响，被解释变量是 $RDr_{i,t}$，反映公司 i 在第 t 年的创新研发投入占公司总资产规模的比例。而模型（4-2）则探讨指数基金持股比例对于上市公司创新产出的影响，被解释变量是 $PatentG_{i,t+1}$，反映公司 i 在第 $t+1$ 年的专利获取数量的自然对数值。

模型（4-1）和模型（4-2）的共同部分包括 Controls，表示前文介绍过的 12 个控制变量，而 α_k 则是控制变量各自的回归系数。共同部分还有 λ_t，是模型中的年度固定效应，而 δ_i 则是公司个体固定效应。

本章主要探究的内容为指数基金在公司内的持股比例对于上市公司创新能力的影响，对于创新投入的影响由模型（4-1）捕捉，主要关注的回归系数为 INDEX 的回归系数 α_1；而对于创新产出的影响由模型（4-2）捕捉，主要关注的回归系数为 INDEX 的回归系数 α_1。

具体的实证分析内容将在下一节给出。

第四节 基本实证结果与分析

本节试图从实证的角度找到指数基金在公司内的持股水平对于上市公司创新能力的影响，主要从描述统计和主要回归结果两个方面对数据分析的结果进行解读。

一、描述统计与单变量分析

（一）变量总体概况

除了 INDEX 之外，表4-3 中也汇报了其他关键变量的具体描述统计情况。此外，INDEX 的更详细的分年度统计情况已经在表4-1 中予以汇报。

表4-3 描述统计

变量名称	（1）观测值数	（2）平均值	（3）标准差	（4）最小值	（5）中位数	（6）最大值
$INDEX_t$（%）	27 950	0.522	0.961	0	0.090 4	9.001
RDr_t	22 186	2.294	1.960	0.003 49	1.940	12.80
$PatentG_{t+1}$	24 357	1.587	1.543	0	1.386	6.038
$OtherFund_t$（%）	27 950	3.464	5.611	0	0.944	41.75
$Growth_t$	27 950	0.058 3	0.086 6	−0.497	0.053 8	0.543
$CapExp_t$（%）	27 950	5.287	4.827	0.025 4	3.880	27.89
CFO_t（%）	27 950	5.112	6.854	−21.73	5.002	29.04
$Size_t$	27 950	22.09	1.290	19.14	21.89	26.39
$Lever_t$（%）	27 950	40.65	19.93	2.624	40.20	85.60
ROA_t（%）	27 950	4.521	5.612	−37.31	4.256	23.70
$Duality_t$	27 950	0.272	0.445	0	0	1
$IndRate_t$	27 950	0.373	0.052 9	0.250	0.333	0.571
$BoardSize_t$	27 950	2.141	0.199	1.609	2.197	2.708
$Top1_t$（%）	27 950	35.41	14.89	8.380	33.57	80.14
BM_t	27 950	0.623	0.238	0.094 6	0.622	1.233

注：变量定义详见表4-2。

通过查看表4-3的数据不难发现，公司创新研发投入占比（RDr）的数据有所缺失，数据量相较于其他变量而言更少，因为并非所有上市公司都会在年报中披露自己的创新研发投入额。然而这中间其实存在一个问题，披露了自己创新研发数据的公司一定是具有创新投入行为的，这也导致了样本内创新研发投入占比（RDr）的最小值并不为0；而数据缺失的公司，即没有对自己创新研发数据进行披露的公司，却并不全是完全没有创新的公司，部分有创新行为的公司为了对自己的情况进行保密，也可以不对自己的创新研发投入进行详细的披露。因此本章研究样本内所缺失的公司并不全都是没有创新的公司，故而本章对模型（4-1）进行回归的时候，只考虑披露了创新研发投入的公司，共计22 186条"公司—年度"面板数据。

公司专利获得数量的自然对数（PatentG）的观测值数量相较于其他变量也缺失了一部分，这是由于表4-3中体现的是$PatentG_{t+1}$的情况，即下一期的公司专利获得数量。本章的研究样本期到2020年，意味着$PatentG_{t+1}$只能到2019年，相较于其他变量而言少了约一年的数据，共计24 357条"公司—年度"面板数据。

解释变量指数基金持股比例（INDEX）的平均值为0.522%，最小值为0，最大值约为9%。公司创新研发投入占比（RDr）的平均值为2.294，中位数约为1.940，最大值达到了12.80。被解释变量公司专利获得数量的自然对数（PatentG）的平均值为1.587，中位数约为1.386，最大值约为6.038。

对于控制变量而言，公司的可持续增长率（Growth）的平均值为0.058 3，中位数为0.053 8；公司的资本支出占比（CapExp）平均值为5.287%，中位数为3.882%；公司的经营性现金流量占比（CFO）平均值为5.112%，中位数为5.002%；公司规模（Size）的平均值为22.09，中位数为21.89；公司的财务杠杆水平（Lever）的平均值为40.65%，中位数为40.2%；公司的总资产回报率（ROA）的平均值为4.521%，中位数为4.256%；公司的账面市值比（BM）的平均值为0.623，中位数为0.622。描述统计的结果与现有研究保持一致。

（二）上市公司创新能力的分行业统计

本节除了对样本内关键变量进行描述统计，掌握其基本情况外，同样也很好奇上市公司的创新能力在不同的行业之间有什么不同。表4-4和表

4-5 分别汇报了创新的各行业分布。

如表 4-4 中所示，不同行业的创新研发投入占比（RDr）的情况并不相同，不过比较明显的是，制造业（C）、信息业（I）以及科学研究和技术服务业（M）的公司创新投入占比（RDr）的均值均超过了 2%，其创新投入水平较高，而创新产出的情况则略有不同。

表 4-4　分行业统计的创新研发投入情况

行业（行业代码）	观测值数	平均值	标准差	最小值	中位数	最大值
农、林、牧、渔业（A）	217	0.996	1.207	0.003	0.522	9.911
采矿业（B）	446	0.840	0.901	0.003	0.529	6.373
制造业（C）	16 657	2.351	1.718	0.003	2.069	12.797
电、热力、燃气及水生产和供应业（D）	399	0.212	0.378	0.006	0.063	2.942
建筑业（E）	611	1.347	1.004	0.003	1.354	9.812
批发和零售业（F）	486	0.760	0.946	0.006	0.378	6.315
交通运输、仓储和邮政业（G）	334	0.437	0.674	0.003	0.104	3.661
住宿和餐饮业（H）	24	0.105	0.114	0.011	0.083	0.415
信息传输、软件和信息技术服务业（I）	1 814	4.532	2.896	0.007	3.962	12.797
房地产业（K）	173	0.233	0.568	0.007	0.063	5.006
租赁和商务服务业（L）	171	0.900	1.199	0.006	0.356	6.785
科学研究和技术服务业（M）	281	2.505	1.647	0.087	2.111	11.890
水利、环境和公共设施管理业（N）	207	1.046	0.784	0.013	0.932	4.998
居民服务、修理和其他服务业（O）	9	1.599	1.479	0.072	1.326	3.857
教育（P）	20	1.417	1.997	0.134	0.824	7.287
卫生和社会工作（Q）	42	1.799	1.989	0.032	1.225	7.708
文化、体育和娱乐业（R）	173	0.947	1.316	0.010	0.400	7.656
综合（S）	122	0.903	0.922	0.006	0.651	3.834

注：数据来源本章自行整理，上市公司行业大类代码参考证监会 2012 版。

如表 4-5 中所示，在创新成果的转化上，采矿业（B）、制造业（C）、建筑业（E）、信息业（I）、科学研究和技术服务业（M）内的公司均达到了较高的水平，其专利获得数量的自然对数（PatentG）的中位数均不为 0，且均值均达到了 1.3 以上。采矿业（B）和建筑业（E）内的企业创新研发投入占比虽然不高，专利数量却可以达到较高水平，可能是因为其前期投入成本较大，公司规模较大，进而拉低了创新研发投入的占比，因而尽管其创新研发投入的占比并不在前列，也依然能算是创新密集型行业。而教育行业（P）以及住宿和餐饮业（H）内的企业创新产出为 0，创新投入占比也较低，整体创新紧迫性和积极性不高。

表 4-5　分行业统计的创新产出情况

行业（行业代码）	观测值数	平均值	标准差	最小值	中位数	最大值
农、林、牧、渔业（A）	302	0.682	1.121	0	0	5.509
采矿业（B）	513	1.805	1.824	0	1.386	6.038
制造业（C）	15 830	2.034	1.499	0	2.079	6.038
电、热力、燃气及水生产和供应业（D）	773	0.563	1.188	0	0	6.038
建筑业（E）	688	1.795	1.405	0	1.792	6.038
批发和零售业（F）	1 335	0.169	0.659	0	0	5.811
交通运输、仓储和邮政业（G）	909	0.324	0.727	0	0	4.564
住宿和餐饮业（H）	86	0	0	0	0	0
信息传输、软件和信息技术服务业（I）	1 614	1.302	1.342	0	1.099	6.038
房地产业（K）	867	0.141	0.538	0	0	4.682
租赁和商务服务业（L）	282	0.215	0.723	0	0	4.736
科学研究和技术服务业（M）	237	1.791	1.283	0	1.792	4.779
水利、环境和公共设施管理业（N）	267	1.044	1.297	0	0	4.357
居民服务、修理和其他服务业（O）	38	0.329	0.705	0	0	2.303

表4-5(续)

行业（行业代码）	观测值数	平均值	标准差	最小值	中位数	最大值
教育（P）	16	0	0	0	0	0
卫生和社会工作（Q）	49	0.272	0.708	0	0	2.890
文化、体育和娱乐业（R）	266	0.238	0.633	0	0	4.234
综合（S）	285	0.132	0.503	0	0	3.219

注：数据来源本章自行整理，上市公司行业大类代码参考证监会2012版。

二、主要回归结果与分析

上一小节本书对样本内公司的基本情况进行了描述统计，本小节将会从创新投入和创新产出两方面出发，探讨指数基金在上市公司内持股对于上市公司创新能力的影响。

从创新投入的视角出发，表4-6中列（1）和列（2）的被解释变量是上市公司创新研发投入比例（RDr），分别汇报单变量回归结果和添加控制变量后的多元回归分析结果。同样，从创新产出的视角出发，表4-6中列（3）和列（4）的被解释变量是上市公司下一期的专利获得数量的自然对数（PatentG），分别汇报单变量回归结果和添加控制变量后的多元回归分析结果。在表4-6中，分别控制了公司的个体固定效应和年度固定效应，且所有回归系数的标准误均在公司层面进行聚类。

表4-6　主要回归结果

	（1） RDr_t	（2） RDr_t	（3） $PatentG_{t+1}$	（4） $PatentG_{t+1}$
$INDEX_t$	0.055 4***	0.072 3***	0.035 9***	0.031 7***
	（3.50）	（4.77）	（2.94）	（2.58）
$OtherFund_t$		-0.002 48		-0.004 69**
		（-0.88）		（-2.56）
$Size_t$		-0.323***		0.011 0
		（-6.53）		（0.34）
BM_t		-0.718***		-0.070 0
		（-8.30）		（-1.07）
$Lever_t$		-0.001 84		0.001 88*
		（-1.26）		（1.88）

表4-6(续)

	(1) RDr_t	(2) RDr_t	(3) $PatentG_{t+1}$	(4) $PatentG_{t+1}$
CFO_t		0.007 03 ***		−0.001 05
		(4.31)		(−1.01)
$Growth_t$		0.404 *		−0.474 **
		(1.70)		(−2.56)
$CapExp_t$		0.017 5 ***		0.001 97
		(6.11)		(1.01)
ROA_t		−0.004 34		0.010 3 ***
		(−0.91)		(3.16)
$Top1_t$		0.002 71		−0.003 45 *
		(0.96)		(−1.82)
$Duality_t$		−0.013 3		0.011 3
		(−0.37)		(0.42)
$BoardSize_t$		0.248 *		0.009 12
		(1.96)		(0.10)
$IndRate_t$		−0.500		−0.038 8
		(−1.39)		(−0.14)
$Constant$	2.264 ***	9.320 ***	1.568 ***	1.401 *
	(259.51)	(8.80)	(248.04)	(1.88)
Year_ FE	是	是	是	是
Firm_ FE	是	是	是	是
Obs	22 186	22 186	24 357	24 357
R2	0.827	0.835	0.807	0.807

注：括号内为 t 值，*、**、*** 代表在10%、5%、1%水平显著。变量定义请见表4-2。

表4-6第（1）列和第（2）列说明，上市公司指数基金的持股比例（INDEX）可以显著提升上市公司的创新研发投入比例（RDr）。第（1）列中回归系数为0.055 4，t 统计量为3.50。添加控制变量后，指数基金持股比例（INDEX）的回归系数有所上升，变为0.072 3，且 t 统计量为4.77，表明指数基金持股比例（INDEX）的回归系数在1%水平上显著，也就是说，指数基金持股比例（INDEX）每上升1个单位，公司的创新研发投入的占比将会显著增加0.072 3个单位。由此可见，公司内指数基金持股比例越高，上市公司的创新研发投入占其总资产的比例也就越高。而控制变量中，公司的经营性现金流（CFO）以及资本性支出（CapExp）均

会对公司的创新研发投入占比产生显著为正的影响。

类似地，从表4-6第（3）列和第（4）列汇报的结果中可以发现，上市公司指数基金的持股比例（INDEX）可以显著提升上市公司下一期的专利获取数量（PatentG）。第（3）列汇报的是单变量回归的结果，指数基金持股比例（INDEX）的回归系数为0.035 9，t统计量为2.94。添加控制变量后，指数基金持股比例（INDEX）的回归系数依然显著为正，大小为0.031 7，且t统计量为2.58，表明指数基金持股比例（INDEX）的回归系数在1%水平上显著。也就是说，指数基金持股比例（INDEX）每上升1个单位，公司下一年的专利获得数量的对数值（PatentG）将会显著上升0.031 7个单位。由此可见，公司内指数基金持股比例越高，上市公司的创新产出水平也就越高。

综上所述，在控制其他12个可能影响公司创新水平的特征之后，上市公司内指数基金持股比例的提升，可以显著地提升公司的创新投入水平与创新产出水平，从整体上盘活公司的创新能力，对于上市公司的高质量发展具有积极的作用，假设4-1成立。

第五节　内生性处理

在上一节中，本书对研究样本内的公司进行了基础的多元回归分析，发现指数基金对公司的创新投入和产出两方面均有显著的正面作用，有利于上市公司的高质量发展。本小节则重点探讨研究中可能存在的内生性。

本书使用固定效应模型，可以规避公司个体层面不随时间变化的未观测因素造成的内生性，但问题不能完全被解决。因此，本小节将会使用工具变量法和增量模型法对潜在的内生性进行进一步的控制。

一、工具变量及两阶段最小二乘

在使用工具变量对研究中可能存在的内生性进行控制时需要明确的是，所选工具变量须同时满足外生性与相关性。参考法西奥（Faccio）等人在2016年的研究，本书选择行业内除本公司之外的其他公司的指数基金持股比例的平均值（hINDEX）作为本公司指数基金持股比例（INDEX）的工具变量。之所以使用行业均值作为工具变量，是因为行业均值（hIN-

DEX）既能满足相关性条件，又能满足外生条件：就相关性条件而言，行业内其他公司的指数基金持股比例的均值与本公司的指数基金持股比例往往是相关的，因为同行业的公司可能面临同样的情况，也就可能具有类似的指数基金持股水平；而就外生性条件而言，行业内其他公司的指数基金持股水平只能通过影响本公司的指数基金持股水平进而对研究的被解释变量产生影响。两阶段最小二乘的结果如表 4-7 中所示。

表 4-7　遗漏变量问题的解决

	（1） INDEX$_t$	（2） RDr$_t$	（3） INDEX$_t$	（4） PatentG$_{t+1}$
hINDEX$_t$	0.590***		0.638***	
	(6.08)		(8.76)	
$\widehat{\text{INDEX}}_t$		0.421**		0.188**
		(2.29)		(2.22)
控制变量	是	是	是	是
Year_ FE	是	是	是	是
Firm_ FE	是	是	是	是
Obs	21 759	21 759	24 159	24 159
Kleibergen_ Paap_ LM		31.282 5		62.391 3
Kleibergen_ Paap_ F		36.934 1		76.702 5

注：括号内为 t 值，**、***代表在 5%、1%水平显著。

表 4-7 的第（1）列和第（2）列汇报了指数基金对创新投入水平影响的两阶段最小二乘回归结果，而第（3）列和第（4）列汇报了指数基金对创新产出水平的两阶段最小二乘回归结果。对于创新投入而言，列（1）汇报一阶段回归，列（2）使用第一阶段回归得出的指数基金持股比例的估计值（$\widehat{\text{INDEX}}$）对创新投入比例（RDr）进行回归，其估计系数为 0.421，t 统计量为 2.29，在 5%水平上显著为正。对于创新产出而言，列（3）汇报一阶段回归，列（4）使用一阶段回归得出的指数基金持股比例的估计值（$\widehat{\text{INDEX}}$）对专利获得数量对数值（PatentG）进行回归，得到的回归系数为 0.188，t 统计量为 2.22，在 5%水平上显著为正。

综上，在控制潜在内生性后，主回归结论不变：指数基金持股可提升公司创新水平，有利于上市公司高质量发展。

二、增量模型处理

本章已经验证了指数基金持股对于上市公司的创新的促进作用，但是在本章中，解释变量其实并非完全随机，也就会存在一些内生的未观测因素导致公司的指数基金持股比例和创新水平同时更高。具体而言，尽管指数基金无法选择自己持股的公司，它们对于公司的选择是完全外生的，不会因为公司具有更高的创新水平而去选择持股某一家公司、成为那家公司的股东，只能被动地接受所跟踪指数的安排，排除了双向因果导致内生性的可能。但是被纳入指数的公司可能因为某些原因导致他们相较于没有纳入指数的公司而言具有更好的创新资源，进而拥有更高的创新水平。也就是说，他们具有更好的创新水平并不是因为指数基金持股比例更高，而是因为某些既能导致他们拥有更高指数基金持股比例、又能导致他们具有更高创新水平的因素。

一般而言，为解决此类因为解释变量非随机性的选择偏误导致的内生性，相关研究都会使用一个较为干净的外生冲击，例如使用罗素 1000 指数、罗素 2000 指数调整的设定受到外生影响指数基金持股比例的冲击，研究指数基金外生增加能否影响研究的被解释变量（Appel et al.，2016；Appel et al.，2019；Crane et al.，2016；Schmidt et al.，2017）。或者使用倾向得分匹配（PSM）的方法，为样本内每家被指数基金持有的公司匹配一家各方面条件相似且未被指数基金持有的公司，再进行分析。

但可惜的是，中国证券市场内没有形如罗素 2000 指数、罗素 1000 指数这样的范围牵涉甚广的、成对互斥的规模指数，故无法参考类似设定进行内生性处理。于是参考法西奥（Faccio）等人在 2016 年的研究，利用增量模型（Change Regression）对数据进行分析。使用增量模型后，我们可以清楚地看到在其他因素不变的情况下，指数基金持股比例的净增加是否会影响公司创新的净增加。这样的处理方式类似于为每家指数基金持有的公司匹配一家各方面条件相似的公司。持股数的净增加相当于将样本中每家公司与自身上一年度匹配，以排除公司指数基金持股比例较高是因为创新资源更好的内生可能性，有助于直接观察指数基金持股的净增加能否带来公司创新能力的净增强。

具体来说，本节利用样本内的已有数据，构造了变量的一阶增量数据：$\Delta INDEX_{i,\,t}$、$\Delta PatentG_{i,\,t+1}$、$\Delta R\&D_{i,\,t}$。这些变量的构造形式遵循 $\Delta x_{i,\,t} =$

$x_{i,t} - x_{i,t-1}$，其中 $\Delta\text{R\&D}_{i,t} = \Delta(\text{RDr}_{i,t} \times \text{TotalAsset}_{i,t})$，同时，为了更好地保持创新投入变量的正态性，本节使用 $\Delta\text{R\&D}_{i,t}$ 的自然对数形式，即 $\text{lndrd}_{i,t} = \ln(\Delta\text{R\&D}_{i,t})$。得到新变量后，增量模型的回归结果如表4-8所示。

表4-8　使用增量模型处理内生性

	(1) lndrd_t	(2) lndrd_t	(3) $\Delta\text{PatentG}_{t+1}$	(4) $\Delta\text{PatentG}_{t+1}$
ΔINDEX_t	0.074 7***	0.028 8*	0.015 8**	0.012 1*
	(5.55)	(1.97)	(2.13)	(1.75)
控制变量	否	是	否	是
Year_ FE	是	是	是	是
Firm_ FE	是	是	是	是
Obs	13 815	13 815	21 281	21 281
R2	0.611	0.642	0.067	0.069

注：括号内为 t 值，*、**、*** 代表在10%、5%、1%水平显著。表格中的变量：$\Delta\text{INDEX}_{i,t} = \text{INDEX}_{i,t} - \text{INDEX}_{i,t-1}$；$\text{lndrd}_t = log(RD\,r_{i,t} \times totalAsse\,t_{i,t} - \text{RDr}_{i,t-1} \times totalAsset_{i,t-1})$；$\Delta\text{PatentG}_{i,t+1} = \text{PatentG}_{i,t+1} - \text{PatentG}_{i,t}$。

第（1）、（2）列汇报创新研发投入的增量模型，第（3）、（4）列汇报创新产出的增量模型。就创新研发投入而言，第（1）列是单变量回归，指数基金持股的净增量（ΔINDEX_t）的回归系数为0.074 7，t 统计量为5.55，在1%水平上显著为正。而第（2）列中为添加控制变量之后的结果，指数基金持股的净增量（ΔINDEX_t）的回归系数变为0.028 8，t 统计量为1.97，在10%水平上显著为正。这说明用增量模型可以捕捉到指数基金持股比例的净增加带来的创新研发投入的净增加。而就创新产出而言，第（3）列汇报了单变量回归，指数基金持股的净增量（ΔINDEX_t）的回归系数为0.015 8，t 统计量为2.13，在5%水平上显著为正，而添加控制变量之后的结果汇报在第（2）列中，指数基金持股的净增量（ΔINDEX_t）的回归系数变为0.012 1，t 统计量为1.75，在10%水平上显著为正。这说明用增量模型可以捕捉到指数基金持股比例的净增加带来的创新产出的净增加。

因此，在使用增量模型控制可能存在的内生性之后，指数基金依然能为公司的创新能力带来积极正面的作用。

第六节 稳健性检验

第五节已对可能存在的内生性问题逐一尝试解决，本节将会对主回归结果进行稳健性检验。具体而言，首先，将会改变衡量创新的代理变量，其次，将会改变创新变量的时期，再次，将会考虑专利中的实质创新，最后，将会排除沪深 300 指数的影响。

一、其他变量衡量创新

本章关注指数基金对于公司创新的影响，已使用两种方式衡量上市公司的创新水平。为了得到较为稳健的结果，本小节更换创新的衡量方式。具体而言，本小节使用创新研发投入额的自然对数值（lnRD）替代 RDr，使用上市公司专利申请数量的自然对数值（PatentA）代替 PatentG。更换被解释变量后的回归结果如表 4-9 中所示。

表 4-9 使用其他变量衡量创新水平

	(1) $lnRD_t$	(2) $lnRD_t$	(3) $PatentA_{t+1}$	(4) $PatentA_{t+1}$
$INDEX_t$	0. 119 ***	0. 026 4 ***	0. 035 7 ***	0. 036 1 ***
	(11. 62)	(3. 03)	(2. 76)	(2. 77)
$OtherFund_t$		0. 005 95 ***		−0. 002 15
		(3. 31)		(−1. 08)
$Size_t$		0. 636 ***		−0. 040 8
		(20. 44)		(−1. 21)
BM_t		−0. 079 9		−0. 020 6
		(−1. 34)		(−0. 28)
$Lever_t$		−0. 003 65 ***		0. 002 58 **
		(−3. 78)		(2. 35)
CFO_t		0. 001 53		−0. 000 953
		(1. 47)		(−0. 84)
$Growth_t$		0. 186		−0. 520 **
		(1. 01)		(−2. 46)

表4-9(续)

	(1) lnRD$_t$	(2) lnRD$_t$	(3) PatentA$_{t+1}$	(4) PatentA$_{t+1}$
CapExp$_t$		0.005 14**		0.001 08
		(2.58)		(0.49)
ROA$_t$		0.009 56***		0.021 3***
		(3.14)		(5.91)
Top1$_t$		−0.000 592		−0.001 87
		(−0.30)		(−0.88)
Duality$_t$		0.032 9		0.001 74
		(1.48)		(0.06)
BoardSize$_t$		0.153*		0.024 1
		(1.79)		(0.23)
IndRate$_t$		−0.065 8		−0.017 1
		(−0.25)		(−0.06)
Constant	17.68***	3.612***	1.811***	2.579***
	(3 141.08)	(5.14)	(269.72)	(3.25)
Year_ FE	是	是	是	是
Firm_ FE	是	是	是	是
Obs	22 186	19 614	24 357	24 357
R2	0.852	0.874	0.802	0.803

注：括号内为 t 值，*、**、*** 代表在10%、5%、1%水平显著。变量定义请见表4-2。

表4-9 的第（1）、（2）列讨论对创新研发投入的自然对数值（lnRD）的影响，其中第（1）列汇报单变量回归的结果，在第（1）列中，指数基金持股比例（INDEX）回归系数为0.119，t 统计量为11.62，在1%水平上显著为正。有控制变量的结果汇报在第（2）列中，指数基金持股比例（INDEX）的回归系数变为0.026 4，t 统计量为3.03，依然在1%水平上显著为正，这说明在其他条件不变时，指数基金持股比例的提升可以带来上市公司创新研发投入总量的提升。（3）、（4）列讨论对上市公司专利申请数量的对数值（PatentA）的影响，其中第（3）列汇报单变量回归的结果，在第（3）列中，指数基金持股比例（INDEX）的回归系数为0.035 7，t 统计量为2.76，在1%水平上显著为正。添加控制变量之后，第（4）列中指数基金持股比例（INDEX）的回归系数为0.036 1，t 统计量为2.77，这说明其他条件不变时，

随指数基金持股比例上升，上市公司专利申请数量也显著增加。

综上所述，当本节更换衡量方式时，指数基金对于上市公司创新能力的正向作用依然显著存在。具体而言，指数基金持股比例的提升可以带来上市公司创新研发投入总额对数值（lnRD）以及专利申请数量对数值（PatentA）的显著升高，指数基金的创新溢出作用可以在创新投入与创新产出两方面中被发现，与主回归的研究结论一致。

二、其他时期的创新能力

对于创新投入而言，部分公司或许在年初就对今年的创新投入总额进行了规划，因此，本小节使用下一期的创新研发投入占比（RDr）作为被解释变量。同样，考虑到创新产出的时滞效应，本小节使用了更长时期内的专利获得水平（PatentG）作为被解释变量。不同时期的被解释变量的回归结果如表4-10中所示。

表4-10　使用不同时期的创新变量

	(1) RDr_{t+1}	(2) RDr_{t+1}	(3) $PatentG_{t+2}$	(4) $PatentG_{t+2}$
$INDEX_t$	0.036 2 **	0.043 2 ***	0.026 0 **	0.022 6 *
	(2.25)	(2.73)	(2.18)	(1.89)
$OtherFund_t$		−0.001 51		−0.003 56 **
		(−0.53)		(−1.96)
$Size_t$		−0.130 ***		0.000 825
		(−2.61)		(0.03)
BM_t		−0.303 ***		−0.052 7
		(−3.18)		(−0.76)
$Lever_t$		−0.001 26		0.001 58
		(−0.83)		(1.53)
CFO_t		0.002 94 *		−0.001 79 *
		(1.87)		(−1.72)
$Growth_t$		−0.240		−0.388 **
		(−0.91)		(−2.01)
$CapExp_t$		0.002 52		0.001 57
		(0.92)		(0.78)

表4-10(续)

	(1) RDr$_{t+1}$	(2) RDr$_{t+1}$	(3) PatentG$_{t+2}$	(4) PatentG$_{t+2}$
ROA$_t$		0.009 71*		0.014 4***
		(1.84)		(4.02)
Top1$_t$		−0.003 25		−0.002 16
		(−1.16)		(−1.09)
Duality$_t$		0.001 67		−0.009 44
		(0.04)		(−0.33)
BoardSize$_t$		0.224*		0.023 1
		(1.71)		(0.26)
IndRate$_t$		−0.648*		0.106
		(−1.74)		(0.39)
Constant	2.261***	5.164***	1.592***	1.505**
	(256.22)	(4.75)	(260.81)	(2.04)
Year_ FE	是	是	是	是
Firm_ FE	是	是	是	是
Obs	19 614	19 614	21 286	21 286
R2	0.834	0.836	0.821	0.821

注：括号内为 t 值，*、**、*** 代表在10%、5%、1%水平显著。变量定义请见表4-2。

第（1）、（2）列考虑 t+1 期的创新投入，第（3）、（4）列被解释变量为 t+2 期上市公司专利获得数量的对数（PatentG）。从创新投入视角来看，表格中第（1）列汇报单变量回归结果，指数基金持股比例（INDEX）的回归系数为 0.036 2，t 统计量为 2.25，在添加控制变量之后，第（2）列中指数基金持股比例（INDEX）的回归系数变为 0.043 2，t 统计量为 2.73，说明指数基金持股比例可以显著提升上市公司下一期的创新研发占比（RDr）。从创新产出的视角来看，第（3）列汇报单变量回归的结果，指数基金持股比例（INDEX）的回归系数为 0.026，t 统计量为 2.18，添加控制变量后第（4）列中指数基金的持股比例（INDEX）的回归系数变为 0.022 6，t 统计量为 1.89，在 10% 水平上显著为正，说明其他条件不变时，指数基金持股比例可以显著提升上市公司 t+2 期的专利获得数量（PatentG）。

总的来说，无论是考虑更长远时期内的创新研发投入还是更长远时期内的创新产出，指数基金在公司内的持股比例总能提升公司的创新水平，在使用不同时期内的变量后，结论与主回归一致。

三、实质性创新的成果

专利其实也具有不同的类型，发明、实用新型、外观设计三种类型均在专利的覆盖范围之内，然而，不同类型的专利所需要的审查标准与审查方式大相径庭。其中，发明类型的专利保护期限为 20 年，其余两类专利的保护期只有 10 年，同时，发明类型的专利的审查标准较高，实行形式审查与实质审查并举，而另外两类专利则只需进行形式审查。可见，三类专利中，发明类型的专利更能体现其所在公司的实质性创新。因此，本小节仅仅使用专利数据中除开实用新型和外观设计类型的专利之外的发明类专利的数量作为公司专利数量的代表，分别使用发明类专利的申请数量（PatentAA）和发明类专利的获取数量（PatentGG）作为回归分析的被解释变量，探讨指数基金能否促进公司的实质性创新，其回归结果如表 4-11 中所示。

表 4-11　使用实质创新的专利数量

	(1) $PatentAA_{t+1}$	(2) $PatentAA_{t+2}$	(3) $PatentGG_{t+1}$	(4) $PatentGG_{t+2}$
$INDEX_t$	0.036 7 ***	0.022 3 *	0.045 0 ***	0.039 0 ***
	(3.07)	(1.85)	(4.16)	(3.64)
$OtherFund_t$	−0.003 2 *	−0.001 2	−0.006 3 ***	−0.004 4 ***
	(−1.73)	(−0.70)	(−3.91)	(−2.74)
$Size_t$	0.026 7	−0.008 0	0.074 3 ***	0.083 7 ***
	(1.00)	(−0.29)	(3.23)	(3.55)
BM_t	−0.090 8	−0.021 4	−0.110 **	−0.090 0 *
	(−1.52)	(−0.34)	(−2.21)	(−1.70)
$Lever_t$	0.001 5 *	0.000 9	0.000 4	−0.000 1
	(1.74)	(1.00)	(0.58)	(−0.09)
CFO_t	−0.000 7	−0.001 7 *	−0.000 5	−0.000 4
	(−0.82)	(−1.91)	(−0.66)	(−0.58)
$Growth_t$	−0.317 *	−0.091 9	−0.299 **	−0.347 **
	(−1.82)	(−0.50)	(−2.10)	(−2.25)
$CapExp_t$	0.002 4	0.001 0	0.003 8 ***	0.001 9
	(1.33)	(0.56)	(2.67)	(1.32)

表4-11(续)

	（1） PatentAA$_{t+1}$	（2） PatentAA$_{t+2}$	（3） PatentGG$_{t+1}$	（4） PatentGG$_{t+2}$
ROA$_t$	0.014 2***	0.009 3***	0.002 9	0.006 2**
	（4.82）	（2.78）	（1.19）	（2.19）
Top1$_t$	−0.001 6	−0.000 9	−0.002 0*	−0.002 6**
	（−1.01）	（−0.50）	（−1.65）	（−2.01）
Duality$_t$	0.002 9	−0.006 5	−0.025 8	0.014 0
	（0.13）	（−0.26）	（−1.33）	（0.65）
BoardSize$_t$	0.066 6	0.031 1	0.000 8	0.021 3
	（0.77）	（0.36）	（0.01）	（0.32）
IndRate$_t$	−0.000 2	−0.082 5	0.118	0.086 9
	（−0.00）	（−0.31）	（0.57）	（0.42）
Constant	0.524	1.386**	−0.781	−0.985*
	（0.85）	（2.27）	（−1.48）	（−1.84）
Year_ FE	是	是	是	是
Firm_ FE	是	是	是	是
Obs	24 357	21 286	24 357	21 286
R2	0.788	0.802	0.742	0.761

注：括号内为 t 值，*、**、*** 代表在10%、5%、1%水平显著。变量定义请见表4-2。

表4-11 的第（1）、（2）列讨论发明类的专利申请数量的对数（PatentAA），第（3）、（4）列讨论发明类专利获得数量的对数（PatentGG）。

针对发明类专利申请数量而言，指数基金持股比例（INDEX）在第（1）列中的回归系数为 0.036 7，t 统计量为 3.07，指数基金持股比例每提升 1 个单位，$t+1$ 期发明类专利申请数量的对数则会显著提升 0.036 7 个单位。同样，指数基金持股比例（INDEX）在第（2）列中的回归系数为 0.022 3，t 统计量为 1.85，指数基金持股比例每提升 1 个单位，$t+2$ 期内的发明类专利申请数量的对数将会显著提升 0.022 3 个单位。无论是近期（$t+1$ 期）还是更远期（$t+2$ 期）内的数据均可以证明指数基金持股比例的增加可以显著提升发明类专利申请数量。

而对专利获得数量来说，指数基金持股比例（INDEX）在第（3）列中的回归系数为 0.045 0，t 统计量为 4.16，指数基金持股比例每提升 1 个单位，$t+1$ 期发明类专利获得数量的对数则会显著提升 0.045 0 个单位。同样，指数基金持股比例（INDEX）在第（4）列中的回归系数为 0.039 0，t 统计量为 3.64，公司内指数基金持股比例每提升 1 个单位，上市公司 $t+2$ 期内的发明类专利获得数量的对数将会显著提升 0.039 个单位。无论是近期（$t+1$ 期）还是更远期（$t+2$ 期）内数据均可以证明指数基金持股比例的增加可以显著提升上市公司的发明类专利的获得数量。

综上所述，从实质性创新的视角来看，指数基金持股能够显著提升公司专利的数量，近期（$t+1$ 期）成果、远期（$t+2$ 期）成果，申请数量、获得数量，概莫能外。换言之，使用发明类专利数量作为被解释变量，同样能够发现主回归分析的相似结论。

四、考虑沪深 300 指数的影响

本章行文至此，仍存在一个疑问尚未解决：企业创新水平的提升会不会是公司纳入指数产生的效果，而非指数基金的直接影响？国内的指数基金中数量最多的当属跟踪沪深 300 指数的基金，且沪深 300 指数在国内获得的关注在所有指数中也最高。为了避免沪深 300 指数本身的效应干扰分析，本节将公司当年 6 月是否纳入沪深 300 指数（HS300）作为控制变量加入回归中。如果指数基金对于公司创新的影响是由指数带来的而非基金持股带来的，那么在将 HS300 纳入回归后，指数基金持股（INDEX）的回归系数将变得不显著。本章进行这样操作的关键不是为了证明纳入指数不会影响公司的创新水平，而是在于证明控制这样的潜在影响后，指数基金在公司内持股依然可以为公司的创新带来影响。因此在控制是否纳入沪深 300 指数后，关注的重点也依然是指数基金持股比例的回归系数。回归结果如表 4-12 所示。

表 4-12　将沪深 300 指数纳入回归

	（1） RDr_t	（2） $PatentG_{t+1}$
$INDEX_t$	0.068 9 ***	0.032 3 ***
	（4.44）	（2.61）
$HS300_t$	0.090 2	−0.013 2
	（1.55）	（−0.33）
$OtherFund_t$	−0.002 2	−0.004 7 **
	（−0.77）	（−2.58）

表4-12(续)

	(1) RDr$_t$	(2) PatentG$_{t+1}$
Size$_t$	−0.336***	0.012 9
	(−6.95)	(0.41)
BM$_t$	−0.696***	−0.073 6
	(−8.32)	(−1.15)
Lever$_t$	−0.001 7	0.001 9*
	(−1.16)	(1.87)
CFO$_t$	0.007 0***	−0.001 1
	(4.32)	(−1.01)
Growth$_t$	0.401*	−0.475**
	(1.69)	(−2.56)
CapExp$_t$	0.017 4***	0.002 0
	(6.07)	(1.02)
ROA$_t$	−0.004 2	0.010 3***
	(−0.88)	(3.16)
Top1$_t$	0.002 7	−0.003 4*
	(0.96)	(−1.82)
Duality$_t$	−0.013 7	0.011 4
	(−0.38)	(0.42)
BoardSize$_t$	0.247*	0.009 3
	(1.94)	(0.10)
IndRate$_t$	−0.507	−0.037 7
	(−1.41)	(−0.14)
Constant	9.589***	1.363*
	(9.23)	(1.85)
Year_ FE	是	是
Firm_ FE	是	是
Obs	22 186	24 357
R2	0.835	0.807

注：括号内为 t 值，*、**、***代表在10%、5%、1%水平显著。变量定义请见表4-2。

表4-12中结果显示，在添加沪深300指数作为控制变量后，指数基金持股（INDEX）的回归系数依然显著，说明指数基金的作用效果并非完

全由沪深 300 指数带来，在考虑沪深 300 指数可能的影响后，指数基金对公司创新的作用效果依然显著存在。

为获得更稳健的结果，本节还尝试将回归分析的样本限定在沪深 300 指数之外，以排除沪深 300 指数对于结果造成的影响。如果指数基金的作用全然是因为纳入沪深 300 指数，那么排除沪深 300 指数的成份股公司后，指数基金的作用效果将会变得不显著。这一限定样本的回归分析结果如表 4-13 中所示。

表 4-13 排除沪深 300 指数的样本

	（1） RDr_t	（2） RDr_t	（3） $PatentG_{t+1}$	（4） $PatentG_{t+1}$
$INDEX_t$	0.058 9***	0.083 2***	0.039 1***	0.037 4***
	（3.04）	（4.38）	（2.85）	（2.66）
$OtherFund_t$		0.001 03		−0.000 464
		（0.36）		（−0.24）
$Size_t$		−0.370***		−0.003 68
		（−7.51）		（−0.11）
BM_t		−0.616***		−0.033 9
		（−7.09）		（−0.52）
$Lever_t$		−0.001 59		0.001 69*
		（−1.07）		（1.71）
CFO_t		0.006 92***		−0.000 848
		（4.13）		（−0.80）
$Growth_t$		0.438*		−0.334*
		（1.68）		（−1.78）
$CapExp_t$		0.016 7***		0.001 14
		（5.80）		（0.58）
ROA_t		−0.005 93		0.007 64**
		（−1.18）		（2.33）
$Top1_t$		0.001 99		−0.002 04
		（0.68）		（−1.08）
$Duality_t$		−0.010 1		0.020 6
		（−0.28）		（0.75）

表 4-13（续）

	（1） RDr$_t$	（2） RDr$_t$	（3） PatentG$_{t+1}$	（4） PatentG$_{t+1}$
BoardSize$_t$		0. 314 **		0. 015 1
		（2. 29）		（0. 16）
IndRate$_t$		−0. 338		−0. 307
		（−0. 84）		（−1. 08）
Constant	2. 315 ***	10. 10 ***	1. 522 ***	1. 689 **
	（289. 17）	（9. 45）	（304. 54）	（2. 28）
Year_ FE	是	是	是	是
Firm_ FE	是	是	是	是
Obs	20 029	20 029	21 452	21 452
R2	0. 823	0. 831	0. 795	0. 795

注：括号内为 t 值，*、**、*** 代表在 10%、5%、1%水平显著。变量定义请见表 4-2。

表 4-13 中结果显示，在排除沪深 300 指数成份股公司后，指数基金持股（INDEX）的回归系数依然显著，说明指数基金的作用效果并非完全由沪深 300 指数带来，在排除沪深 300 指数可能的影响后，指数基金对公司创新的作用效果依然显著存在。

综上所述，在使用其他变量衡量创新、使用更长时期内的创新水平、考虑实质性创新成果、排除沪深 300 指数的影响之后，指数基金依然可以对公司创新水平产生积极的作用，可以认为本章的结论较为稳健。

第七节　异质性分析

在第五节和第六节中，本书已经对内生性问题进行了处理，并以多种方式对文章结论的稳健性进行了检验。本节则重点探讨指数基金的作用在不同子样本中是否表现不同，不同类型指数基金是否有异质性。而答案是肯定的，本节发现指数基金对公司创新的促进作用在民营企业、高新技术行业、所在地市场化程度更高的企业中更显著，且其作用效果主要由跟踪大盘股的指数基金以及规模更大的指数基金所主导。

具体而言，本节接下来的部分将从以下四个方面对上述问题进行详细分析：产权性质的调节作用、创新紧迫性的调节作用、注册地市场化程度的调节作用以及指数基金类型的调节作用。

一、产权性质的调节作用

为验证指数基金的创新促进作用在国有企业和民营企业中是否存在异质性，本书利用国泰安数据库提供的股权性质数据对研究的数据样本进行划分。当公司是国有企业时，SOE 取值为 1，反之取值为 0，对国有企业与民营企业的分组回归的结果如表 4-14 所示。

表 4-14　指数基金、产权性质与创新

	（1） RDr_t $SOE=0$	（2） RDr_t $SOE=1$	（3） $PatentG_{t+1}$ $SOE=0$	（4） $PatentG_{t+1}$ $SOE=1$
$INDEX_t$	0.105 ***	0.039 0 **	0.060 8 ***	0.008 36
	（4.46）	（2.14）	（3.52）	（0.49）
$OtherFund_t$	−0.003 10	0.000 909	−0.005 99 **	−0.004 39
	（−0.90）	（0.20）	（−2.49）	（−1.55）
$Size_t$	−0.390 ***	−0.196 **	0.030 7	0.060 2
	（−6.12）	（−2.12）	（0.69）	（1.17）
BM_t	−0.875 ***	−0.442 ***	−0.174 **	−0.146
	（−8.30）	（−2.65）	（−2.10）	（−1.35）
$Lever_t$	−0.001 23	−0.001 48	0.000 558	0.003 88 **
	（−0.73）	（−0.47）	（0.44）	（2.38）
CFO_t	0.008 15 ***	0.004 56 *	0.000 034 6	−0.001 32
	（3.97）	（1.88）	（0.02）	（−0.86）
$Growth_t$	0.565 **	0.103	−0.359	−0.189
	（2.00）	（0.23）	（−1.54）	（−0.63）
$CapExp_t$	0.020 1 ***	0.008 10	0.004 68 **	−0.003 91
	（5.99）	（1.55）	（1.98）	（−1.13）
ROA_t	−0.008 33	0.009 08	0.009 00 **	−0.000 508
	（−1.57）	（0.87）	（2.36）	（−0.07）
$Top1_t$	0.002 71	0.001 51	0.000 986	−0.010 7 ***
	（0.70）	（0.35）	（0.36）	（−3.87）
$Duality_t$	0.002 22	−0.067 4	0.004 44	0.023 3
	（0.05）	（−0.96）	（0.13）	（0.55）

表4-14(续)

	(1) RDr$_t$ SOE=0	(2) RDr$_t$ SOE=1	(3) PatentG$_{t+1}$ SOE=0	(4) PatentG$_{t+1}$ SOE=1
BoardSize$_t$	0.460**	−0.123	−0.021 6	0.046 5
	(2.56)	(−0.71)	(−0.18)	(0.35)
IndRate$_t$	−0.620	−0.057 7	−0.612*	0.557
	(−1.22)	(−0.12)	(−1.75)	(1.28)
Constant	10.56***	6.665***	1.343	0.057 3
	(8.24)	(3.12)	(1.32)	(0.05)
组间差异		0.066***		−
经验 P 值		0.000		−
Year_ FE	是	是	是	是
Firm_ FE	是	是	是	是
Obs	15 436	6 785	14 844	9 579
R2	0.836	0.823	0.780	0.841

注：括号内为 t 值，*、**、*** 代表在 10%、5%、1%水平显著。变量定义请见表4-2。

表 4-14 中第（1）列和第（2）列均为模型（4-1）的回归分析结果。其中，第（1）列的研究样本为 SOE=0（民营企业）的样本，而第（2）列的研究样本则是 SOE=1（国有企业）的样本。可以发现，指数基金持股比例（INDEX）的回归系数在第（1）列中与第（2）列中均显著为正，说明无论企业性质为国有还是民营，指数基金所有权均可对创新研发投入占比（RDr）产生正面影响。在民营企业样本中，指数基金持股比例（IN-DEX）的系数为 0.105，t 统计量为 4.46，在 1%水平上显著，意味着对于民营企业而言，指数基金持股比例（INDEX）每提升 1 个单位，公司的创新研发投入占比将提升 0.105 个单位。而在国有企业样本中，指数基金持股比例（INDEX）的系数为 0.039，t 统计量为 2.14，意味着对于国有企业而言，指数基金持股比例（INDEX）每提升 1 个单位，公司的创新研发投入占比将提升 0.039 0 个单位。由于第（1）、（2）列回归样本不同，不能直接比较系数大小，需要进一步检验系数差异的显著性。本书参考连玉君和程建（2007）的组间系数差异检验方法，使用他们提供的 STATA 程序包（bdiff）对第（1）列和第（2）列中指数基金持股比例（INDEX）系数的组间差异进行检验，通过自抽样（bootstrap）的方法抽样 500 次，得出

第（1）、（2）列中指数基金持股比例（INDEX）回归系数的差异值为0.066，在1%水平上显著。意味着指数基金持股对于公司创新研发投入占比（RDr）的提升效果在民营企业中显著更高。

表4-14中第（3）列和第（4）列均为模型（4-2）的回归分析结果，被解释变量为上市公司的专利获取数量（PatentG）。其中，第（3）列的研究样本为SOE＝0（民营企业）的样本，而第（4）列的研究样本则是SOE＝1（国有企业）的样本。可以发现，指数基金持股比例（INDEX）的回归系数在第（3）列中为0.060 8，t统计量为3.52，系数在1%水平上显著为正，代表着对于民营企业而言，指数基金持股比例（INDEX）每提升1个单位，公司下一年的专利获得量的对数值（PatentG）可以提升0.060 8个单位。而其回归系数在第（4）列中并不显著，指数基金持股对于创新产出的正面作用仅在民营企业中显著存在。

总的来说，无论是从创新投入的角度讨论还是从创新产出的角度讨论，指数基金对上市公司创新的积极作用在民营企业中都更显著，这可能是由于创新的紧迫性在民营企业中更强。

国有企业作为中国独特制度背景的特殊产物，与民营企业的股权结构大相径庭。国有企业的大股东往往是国有资产，国有企业的经理人相较于民营企业经理人而言，对于创新没有那么迫切的需求（Hu et al.，2009；Lin et al.，2010；Megginson，2005；Rong et al.，2017）。这是因为国有企业的经理人并不能享受到创新研发带来的利益，但是却需要承担创新研发失败所带来的风险———一旦创新研发失败，他们可能面对潜在的离职风险。因此，国有企业创新动力相对不足，其创新动机远没有民营企业那么迫切。

国有企业相较于民营企业创新动机不足，因此，民营企业相较于国有企业而言，指数基金带来的创新效应更强，指数基金对于上市公司创新能力的正面作用在民营企业样本中更显著，假设4-2得证。

二、创新紧迫性的调节作用

为验证指数基金的创新促进作用在不同创新紧迫性的企业中是否存在异质性，本小节通过两个方式对样本内的公司进行分组：①是否具有高新技术企业资质；②是否在创新产出较高的行业。

（一）是否具有高新技术企业资质

本书利用国泰安数据库中的"上市公司资质认定信息文件"，统计出样本内各年各公司是否具有高新技术企业资质，并以此为依据对研究的数据样本进行划分。其中，若某年某公司具有高新技术企业资质，则该年该公司的虚拟变量 ifGX = 1，反之，则该年该公司的虚拟变量 ifGX = 0。分组回归结果如表 4-15 所示。

表 4-15　指数基金、高新技术企业资质与创新

	(1) RDr_t ifGX = 0	(2) RDr_t ifGX = 1	(3) $PatentG_{t+1}$ ifGX = 0	(4) $PatentG_{t+1}$ ifGX = 1
$INDEX_t$	0.016 5	0.079 8***	0.019 8	0.025 6*
	(0.57)	(4.80)	(0.87)	(1.88)
$OtherFund_t$	0.004 8	−0.003 9	−0.001 4	−0.006 7***
	(0.92)	(−1.25)	(−0.55)	(−2.79)
$Size_t$	−0.081 0	−0.379***	0.045 3	−0.027 8
	(−0.98)	(−6.49)	(1.13)	(−0.64)
BM_t	−0.038 6	−0.836***	−0.027 8	−0.100 0
	(−0.28)	(−8.49)	(−0.25)	(−1.27)
$Lever_t$	−0.000 9	−0.002 4	0.001 5	0.002 2*
	(−0.27)	(−1.50)	(1.02)	(1.70)
CFO_t	0.003 9	0.006 8***	−0.001 3	−0.001 2
	(1.52)	(3.46)	(−1.06)	(−0.83)
$Growth_t$	−0.166	0.563**	−0.497*	−0.207
	(−0.52)	(2.02)	(−1.91)	(−0.87)
$CapExp_t$	0.009 3	0.017 8***	−0.002 7	0.006 0**
	(1.55)	(5.38)	(−1.03)	(2.36)
ROA_t	0.010 5	−0.006 7	0.005 8	0.008 2**
	(1.28)	(−1.24)	(1.05)	(2.09)
$Top1_t$	−0.005 4	0.004 6	−0.007 0**	−0.001 6
	(−1.02)	(1.45)	(−2.24)	(−0.61)
$Duality_t$	−0.029 1	0.001 2	0.005 2	0.018 5
	(−0.35)	(0.03)	(0.13)	(0.57)
$BoardSize_t$	−0.037 3	0.273*	−0.074 4	−0.032 3
	(−0.20)	(1.78)	(−0.52)	(−0.29)
$IndRate_t$	0.349	−0.717*	0.169	−0.403 0
	(0.70)	(−1.65)	(0.39)	(−1.20)
$Constant$	2.925*	10.84***	0.079 4	2.770 0***
	(1.66)	(8.69)	(0.08)	(2.74)

表4-15(续)

	（1） RDr$_t$ ifGX = 0	（2） RDr$_t$ ifGX = 1	（3） PatentG$_{t+1}$ ifGX = 0	（4） PatentG$_{t+1}$ ifGX = 1
Year_ FE	是	是	是	是
Firm_ FE	是	是	是	是
Obs	3 578	18 608	7 469	16 888
R2	0.879	0.829	0.820	0.794

注：括号内为 t 值，*、**、*** 代表在 10%、5%、1%水平显著。变量定义请见表 4-2。

表 4-15 中第（1）列和第（2）列均为模型（4-1）的回归分析结果。其中，第（1）列的研究样本为 ifGX = 0（无高新技术企业资质）的样本，而第（2）列的研究样本则是 ifGX = 1（有高新技术企业资质）的样本。可以发现，指数基金持股比例（INDEX）的回归系数仅在第（2）列中显著为正，说明在具有高新技术企业资质的样本中，也就是创新紧迫性更高的样本中，指数基金在公司内的持股比例上升可以对上市公司的创新研发投入占比（RDr）产生正面的影响。其中，指数基金持股比例（INDEX）的系数为 0.079 8，t 统计量为 4.80，在 1%水平上显著为正，意味着对于具有高新技术企业资质的样本而言，指数基金持股比例（INDEX）每提升 1 个单位，公司的创新研发投入占比（RDr）将显著提升 0.079 8 个单位。而其回归系数在第（1）列中并不显著，指数基金持股对于公司创新研发投入占比（RDr）的提升效果在具有高新技术企业资质、创新紧迫性更高的样本中更显著。

表 4-15 中第（3）列和第（4）列均为模型（4-2）的回归分析结果，被解释变量为上市公司的专利获取数量（PatentG）。其中，第（3）列的研究样本为 ifGX = 0（无高新技术企业资质）的样本，而第（4）列的研究样本则是 ifGX = 1（有高新技术企业资质）的样本。可以发现，指数基金持股比例（INDEX）的回归系数在第（4）列中为 0.025 6，t 统计量为 1.88，系数在 10%水平上显著为正，代表着对于具有高新技术企业资质、创新紧迫性更高的企业而言，指数基金持股比例（INDEX）每提升 1 个单位，公司下一年的专利获得量的对数值（PatentG）可以提升 0.025 6 个单位。而其回归系数在第（3）列中并不显著，指数基金持股对于创新产出的正面作用仅在具有高新技术企业资质、创新紧迫性更高的样本中显著存在。

（二）是否在创新产出较高的行业

为了保证分组回归结论的稳健，本节同时使用另一种方式对公司面临的创新紧迫性进行衡量，即所在行业本身的创新产出水平。前文表4-5中汇报了各个行业的创新产出水平的基本情况。其中，行业代码BCEIM五个大类行业内的创新产出水平较高，中位数均不为零且均值均达到了1.3以上。于是本书将这五个大类行业内的公司标记为创新紧迫性较高的公司，其虚拟变量GXplus取值为1，其他行业内的公司的GXplus取值为0。表4-16中汇报了公司是否处在创新产出水平较高行业的分组回归结果。

表4-16 指数基金、高创新行业与创新

	（1） RDr_t GXplus=0 创新产出低	（2） RDr_t GXplus=1 创新产出高	（3） $PatentG_{t+1}$ GXplus=0 创新产出低	（4） $PatentG_{t+1}$ GXplus=1 创新产出高
$INDEX_t$	−0.000 6	0.075 0***	−0.012 4	0.025 8*
	（−0.02）	（4.72）	（−0.54）	（1.88）
$OtherFund_t$	−0.009 3*	−0.001 6	0.001 3	−0.006 3***
	（−1.81）	（−0.54）	（0.69）	（−2.77）
$Size_t$	−0.132**	−0.315***	0.011 2	0.031 0
	（−2.05）	（−5.62）	（0.37）	（0.75）
BM_t	−0.299	−0.749***	−0.008 7	−0.061 5
	（−1.58）	（−8.00）	（−0.09）	（−0.78）
$Lever_t$	−0.002 0	−0.001 8	0.001 7	0.002 5*
	（−0.63）	（−1.12）	（1.58）	（1.95）
CFO_t	−0.000 072 5	0.008 5***	−0.000 8	−0.001 1
	（−0.04）	（4.75）	（−0.72）	（−0.79）
$Growth_t$	0.250 0	0.504**	−0.085 1	−0.570**
	（0.55）	（1.97）	（−0.44）	（−2.44）
$CapExp_t$	0.010 3	0.018 4***	−0.002 7	0.004 6**
	（1.51）	（6.08）	（−1.04）	（2.02）
ROA_t	−0.011 7	−0.005 1	0.005 39	0.012 3***
	（−1.20）	（−1.01）	（1.37）	（3.17）
$Top1_t$	−0.003 6	0.005 2*	−0.001 6	−0.001 1
	（−0.90）	（1.69）	（−0.84）	（−0.46）

表4-16(续)

	（1） RDr$_t$ GXplus=0 创新产出低	（2） RDr$_t$ GXplus=1 创新产出高	（3） PatentG$_{t+1}$ GXplus=0 创新产出低	（4） PatentG$_{t+1}$ GXplus=1 创新产出高
Duality$_t$	−0.023 6	−0.009 6	−0.029 3	0.028 7
	（−0.40）	（−0.25）	（−0.91）	（0.91）
BoardSize$_t$	0.320**	0.250*	−0.069 8	0.091 5
	（2.44）	（1.79）	（−0.73）	（0.81）
IndRate$_t$	−0.020 4	−0.491	0.375	−0.050 6
	（−0.05）	（−1.25）	（0.97）	（−0.15）
Constant	3.455**	9.218***	0.070 7	1.035
	（2.30）	（7.67）	（0.11）	（1.08）
Year_ FE	是	是	是	是
Firm_ FE	是	是	是	是
Obs	2 377	19 809	5 475	18 882
R2	0.844	0.823	0.747	0.772

注：括号内为 t 值，*、**、*** 代表在10%、5%、1%水平显著。变量定义请见表4-2。

表4-16中第（1）列和第（2）列均为模型（4-1）的回归分析结果。其中，第（1）列的回归样本为创新产出水平较低行业内的上市公司（GXplus=0），而第（2）列的研究样本则是创新产出水平较高行业内的上市公司（GXplus=1）。指数基金持股比例（INDEX）的系数仅在第（2）列中显著，说明在创新产出水平较高行业内的上市公司中，也就是创新紧迫性更高的样本中，指数基金在公司内的持股比例上升可以对上市公司的创新研发投入占比（RDr）产生显著的正面影响。其中，指数基金持股比例（INDEX）的系数为0.075，t 统计量为4.72，在1%水平上显著为正，意味着对于创新产出水平较高行业内的上市公司而言，指数基金持股比例（INDEX）每提升1个单位，公司的创新研发投入占比（RDr）将显著提升0.075个单位。而回归系数在第（1）列中并不显著，指数基金持股对于公司创新研发投入占比（RDr）的提升效果在创新产出水平较高行业内、创新紧迫性更高的组内显著更高。

表4-16中第（3）列和第（4）列均为模型（4-2）的回归分析结果，被解释变量为上市公司的专利获取数量（PatentG）。其中，第（3）列的

研究样本为创新产出水平较低行业内的上市公司（GXplus＝0），而第（4）列的研究样本则是创新产出水平较高行业内的上市公司（GXplus＝1）。可以发现，指数基金持股比例（INDEX）的回归系数在第（4）列中为0.025 8，t统计量为1.88，系数在10%水平上显著为正，代表着对于创新产出水平较高行业内的上市公司，也就是创新紧迫性更高的企业而言，指数基金持股比例（INDEX）每提升1个单位，公司下一年的专利获得量的对数值（PatentG）可以提升0.025 8个单位。而其回归系数在第（3）列中并不显著，这说明指数基金持股对于创新产出的正面作用仅在创新产出水平较高行业内、创新紧迫性更高的组内显著存在。

综上所述，无论是用高新技术企业资质还是用行业本身创新产出水平衡量创新紧迫性，无论是从创新投入还是产出的视角讨论，指数基金对于上市公司创新能力的正面作用均在面临更紧迫创新需求的上市公司中更显著，假设4-3得证。

究其原因，创新紧迫性更高的公司对于技术创新的依赖程度更高，其本身的创新意愿也更高，样本内公司的创新能力也就更容易受到指数基金所带来的创新提升效应的影响。

三、注册地市场化程度的调节作用

为验证指数基金的创新促进作用是否受到公司注册地的市场化程度调节，本书使用王小鲁等（2019）公布的各地市场化指数，对样本内的数据进行分组。注册地市场化程度较高的公司MIHig取值为1，反之为0。按照市场化程度划分的分组回归的结果如表4-17所示。

表4-17　指数基金、市场化程度与创新

	（1） RDr_t MIHig＝0	（2） RDr_t MIHig＝1	（3） $PatentG_{t+1}$ MIHig＝0	（4） $PatentG_{t+1}$ MIHig＝1
$INDEX_t$	0.066 5**	0.076 2***	−0.002 4	0.036 3***
	（2.07）	（4.38）	（−0.09）	（2.75）
$OtherFund_t$	0.001 2	−0.004 7	0.002 3	−0.005 3***
	（0.17）	（−1.53）	（0.49）	（−2.58）
$Size_t$	−0.253**	−0.362***	0.037 6	0.013 0
	（−2.51）	（−6.19）	（0.46）	（0.35）

表4-17（续）

	（1） RDr_t MIHig = 0	（2） RDr_t MIHig = 1	（3） $PatentG_{t+1}$ MIHig = 0	（4） $PatentG_{t+1}$ MIHig = 1
BM_t	-0.313	-0.789***	-0.127	-0.078 9
	(-1.52)	(-8.23)	(-0.78)	(-1.09)
$Lever_t$	-0.002 9	-0.001 9	0.001 6	0.001 8*
	(-1.06)	(-1.15)	(0.56)	(1.70)
CFO_t	0.004 1	0.006 8***	-0.005 7*	-0.000 9
	(1.10)	(3.80)	(-1.94)	(-0.78)
$Growth_t$	0.860*	0.489*	-0.828*	-0.473**
	(1.70)	(1.84)	(-1.75)	(-2.32)
$CapExp_t$	0.020 2**	0.017 1***	-0.001 6	0.004 8**
	(2.47)	(5.51)	(-0.27)	(2.29)
ROA_t	-0.015 1	-0.005 5	0.018 4*	0.009 9***
	(-1.48)	(-1.04)	(1.86)	(2.84)
$Top1_t$	0.006 9	0.001 9	-0.005 4	-0.002 4
	(1.55)	(0.58)	(-1.06)	(-1.09)
$Duality_t$	-0.068 0	-0.018 5	0.210***	-0.016 7
	(-0.68)	(-0.48)	(2.64)	(-0.59)
$BoardSize_t$	-0.262	0.404***	0.143	-0.068 7
	(-1.11)	(2.75)	(0.73)	(-0.64)
$IndRate_t$	-1.389**	-0.312	0.005 9	-0.090 5
	(-2.06)	(-0.75)	(0.01)	(-0.29)
$Constant$	8.217***	9.993***	0.309	1.595*
	(3.73)	(8.01)	(0.18)	(1.82)
组间差异		-0.010		
经验 P 值		0.456		
Year_ FE	是	是	是	是
Firm_ FE	是	是	是	是
Obs	3 074	18 852	3 550	19 871
R2	0.826	0.840	0.793	0.822

注：括号内为 t 值，*、**、*** 代表在10%、5%、1%水平显著。变量定义请见表4-2。

其中，第（1）列的研究样本为面临较低市场化程度的公司（MIHig =

0)，而第（2）列的研究样本则是面临较高市场化程度的公司（MIHig = 1）。第（1）、（2）列中指数基金持股比例回归系数说明无论市场化程度高低，指数基金在公司内的持股比例上升均可以对上市公司的创新研发投入占比（RDr）产生正面影响。在注册地市场化程度较低的企业样本中，回归系数为0.066 5，t统计量为2.07，意味着对于这些企业而言，指数基金持股比例（INDEX）每提升1个单位，公司的创新研发投入占比（RDr）将提升0.066 5个单位。而在注册地位于市场化程度较高地区的企业样本中，回归系数为0.076 2，t统计量为4.38，在1%水平上显著为正，意味着对注册地市场化程度较高的企业而言，指数基金持股比例（INDEX）每提升1个单位，公司的创新研发投入占比（RDr）将提升0.076 2个单位。由于第（1）列和第（2）列的回归样本不同，不能直接对系数大小进行比较，需要进一步检验系数差异的显著性。本书参考连玉君和程建（2007）的组间系数差异检验方法，使用他们提供的程序包（bdiff）对第（1）列和第（2）列中指数基金持股比例（INDEX）系数的组间差异进行检验，通过自抽样（bootstrap）的方法抽样500次，得出第（1）、（2）列中指数基金持股比例（INDEX）回归系数的差异值为-0.010，在10%水平上并不显著。意味着指数基金持股对于公司创新研发投入占比（RDr）的提升效果在不同的市场化程度样本中差异并不显著，不能认为市场化程度可以调节指数基金对于公司创新投入的影响。

而表4-17中第（3）列和第（4）列均为模型（4-2）的回归分析结果，被解释变量为上市公司的专利获取数量（PatentG）。其中，第（3）列的研究样本是注册地市场化程度较低的公司（MIHig = 0），而第（4）列的研究样本则是注册地市场化程度较高的公司（MIHig = 1）。可以发现，指数基金持股比例（INDEX）的回归系数在第（4）列中为0.036 3，t统计量为2.75，系数在1%水平上显著为正，代表着对于注册地市场化程度较高的公司而言，指数基金持股比例（INDEX）每提升1个单位，公司下一年的专利获得量的对数值（PatentG）可以提升0.036 3个单位。而其回归系数在第（3）列中并不显著，说明指数基金持股对于创新产出的正面作用仅在注册地市场化程度较高的公司中显著存在。

总的来说，指数基金对于上市公司创新投入的正面作用在不同市场化程度的子样本中差异并不显著，但其对于上市公司创新产出的积极作用在注册地市场化程度较高的公司中更显著，假设4-4得证。

所谓市场化程度，强调的是市场在配置资源中起到的作用。一地市场化水平较高，就说明该地的市场在资源配置中能够起到较好的调节作用，而一地市场化水平较低，就说明该地的市场在资源配置中起到的作用相对有限。国内许多研究表明，企业的创新能力在市场化程度更高的地方会更加活跃（孙早 等，2014）。市场化程度的调节作用仅存在于创新产出部分也可以从侧面印证这样的解释：市场化程度的高低不能影响公司创新意愿的高低，也就无法调节指数基金对于创新投入的影响，但是市场化程度高却可以带来更高的资源配置能力，因而可以调节公司创新产出水平所受到的影响。

四、指数基金类型的调节作用

本小节探讨不同类型的指数基金对于公司创新的影响有何不同，主要从两个方面对指数基金的类型进行探讨：①跟踪指数的不同；②本身规模的不同。

（一）跟踪大盘股指数与跟踪小盘股指数的指数基金

按照前文（本章第三节）中提及的分组方式，本节根据指数基金所跟踪指数内公司的平均市值规模将样本内指数基金分为跟踪大盘股的指数基金和跟踪小盘股的指数基金，其中跟踪大盘股指数的指数基金在公司内的持股比例记为 INDEXla，而跟踪小盘股指数的指数基金在公司内的持股比例记为 INDEXsm。跟踪大盘股/小盘股的指数基金之间的差别汇报见表4-18。

表4-18　大盘股指数基金与小盘股指数基金

	（1） RDr_t	（2） RDr_{t+1}	（3） $PatentG_{t+1}$	（4） $PatentG_{t+2}$	（5） $PatentG_{t+3}$
$INDEXla_t$	0.082 7 ***	0.047 5 **	0.036 9 *	0.037 7 *	0.038 3 **
	（3.71）	（2.36）	（1.95）	（1.90）	（2.08）
$INDEXsm_t$	0.070 9 ***	0.041 6 **	0.023 3	0.011 9	−0.002 92
	（3.57）	（1.98）	（1.49）	（0.79）	（−0.19）
$OtherFund_t$	−0.002 45	−0.001 50	−0.004 69 **	−0.003 53 *	−0.004 18 **
	（−0.87）	（−0.53）	（−2.56）	（−1.95）	（−2.33）
$Size_t$	−0.324 ***	−0.130 ***	0.012 1	−0.000 428	0.006 36
	（−6.58）	（−2.62）	（0.38）	（−0.01）	（0.20）

表4-18（续）

	（1） RDr$_t$	（2） RDr$_{t+1}$	（3） PatentG$_{t+1}$	（4） PatentG$_{t+2}$	（5） PatentG$_{t+3}$
BM$_t$	−0.715***	−0.301***	−0.070 6	−0.048 3	−0.028 7
	（−8.35）	（−3.17）	（−1.08）	（−0.70）	（−0.39）
Lever$_t$	−0.001 86	−0.001 26	0.001 88*	0.001 62	0.000 087 0
	（−1.27）	（−0.83）	（1.89）	（1.57）	（0.08）
CFO$_t$	0.007 00***	0.002 94*	−0.001 05	−0.001 80*	−0.001 42
	（4.29）	（1.87）	（−1.01）	（−1.73）	（−1.35）
Growth$_t$	0.401*	−0.242	−0.474**	−0.389**	−0.262
	（1.69）	（−0.92）	（−2.56）	（−2.02）	（−1.26）
CapExp$_t$	0.017 5***	0.002 54	0.002 00	0.001 61	0.002 25
	（6.12）	（0.92）	（1.03）	（0.80）	（1.16）
ROA$_t$	−0.004 28	0.009 73*	0.010 3***	0.014 4***	0.010 7**
	（−0.90）	（1.85）	（3.16）	（4.01）	（2.45）
Top1$_t$	0.002 73	−0.003 25	−0.003 47*	−0.002 17	−0.000 418
	（0.97）	（−1.16）	（−1.83）	（−1.09）	（−0.21）
Duality$_t$	−0.013 3	0.001 70	0.011 0	−0.009 81	−0.006 51
	（−0.37）	（0.04）	（0.41）	（−0.34）	（−0.22）
BoardSize$_t$	0.249**	0.225*	0.009 04	0.022 7	0.025 9
	（1.96）	（1.71）	（0.10）	（0.25）	（0.30）
IndRate$_t$	−0.503	−0.649*	−0.041 0	0.102	0.158
	（−1.39）	（−1.74）	（−0.15）	（0.37）	（0.62）
Constant	9.347***	5.176***	1.382*	1.530**	1.359*
	（8.85）	（4.77）	（1.86）	（2.08）	（1.91）
Year_ FE	是	是	是	是	是
Firm_ FE	是	是	是	是	是
Obs	22 186	19 614	24 357	21 286	18 415
R2	0.835	0.836	0.807	0.821	0.837

注：括号内为 t 值，*、**、*** 代表在10%、5%、1%水平显著。变量定义请见表4-2。

表4-18中，第（1）列和第（3）列使用的被解释变量与本章的主回归保持一致，分别研究跟踪大盘股指数的指数基金（INDEXla）、跟踪小盘股指数的指数基金（INDEXsm）对于上市公司当期的创新研发投入占比

（RDr$_t$）与下一期的专利获得数量的自然对数（PatentG$_{t+1}$）的影响。此外，考虑到可能存在的时滞效应，本节也使用了长期内的创新投入与创新产出的代理变量作为被解释变量。

对于创新投入而言，第（1）列和第（2）列分别使用当期的和下一期的上市公司创新研发投入占比（RDr）作为回归的被解释变量。在第（1）列中，跟踪大盘股的指数基金（INDEXla）回归系数为0.082 7，t统计量为3.71，在1%水平上显著为正，而跟踪小盘股的指数基金（INDEXsm）回归系数t统计量为3.57，同样在1%水平上显著为正，大小为0.070 9，说明跟踪大盘股的指数基金和跟踪小盘股的指数基金均可以提升上市公司当期的创新研发投入占比。在第（2）列中情况类似，跟踪大盘股的指数基金（INDEXla）回归系数为0.047 5，t统计量为2.36，在5%水平上显著为正，而跟踪小盘股的指数基金（INDEXsm）回归系数为0.041 6，t统计量为1.98，在5%水平上显著为正，说明跟踪大盘股或跟踪小盘股的指数基金均可以提升上市公司下一期的创新研发投入占比。

对于创新产出而言，第（3）、（4）和第（5）列被解释变量分别是第t+1期、t+2期和t+3期的专利获得数量（PatentG）。在第（3）列中，跟踪大盘股的指数基金（INDEXla）回归系数为0.036 9，t统计量为1.95，在10%水平上显著为正。而跟踪小盘股的指数基金（INDEXsm）回归系数并不显著，说明相较于跟踪小盘股的指数基金，只有跟踪大盘股的指数基金才能提升上市公司下一期的专利获得数量。同样的情况也出现在第（4）列和第（5）列中，只有跟踪大盘股的指数基金持股比例（INDEXla）回归系数在10%水平上显著为正，而跟踪小盘股的指数基金（INDEXsm）回归系数并不显著，也就是说，无论是近期还是更长远的时期内，指数基金对于上市公司创新产出的正面影响均由跟踪大盘股的指数基金所主导。

综上所述，指数基金对于上市公司创新能力的正面影响是由大盘股指数基金主导的，假设4-5得证。

（二）规模较大的指数基金与规模较小的指数基金

按照前文（本章第三节）中提及的分组方式，本节根据指数基金管理资产的规模将样本内指数基金分为大规模指数基金和小规模指数基金，其中规模较大的指数基金在公司内的持股比例记为INDEXlaS，而规模较小的指数基金在公司内的持股比例记为INDEXsmS。不同规模大小的指数基金之间的差别汇报在表4-19中。

表 4-19 指数基金的规模大小

	(1) RDr_t	(2) RDr_{t+1}	(3) $PatentG_{t+1}$	(4) $PatentG_{t+2}$	(5) $PatentG_{t+3}$
$INDEXlaS_t$	0.067 0 ***	0.034 7 **	0.034 7 ***	0.024 8 **	0.011 3
	(4.41)	(2.16)	(2.77)	(2.03)	(0.94)
$INDEXsmS_t$	0.385 **	0.541 ***	−0.103	−0.059 9	−0.059 6
	(2.51)	(3.56)	(−0.91)	(−0.54)	(−0.53)
$OtherFund_t$	−0.002 7	−0.001 8	−0.004 6 **	−0.003 5 *	−0.004 3 **
	(−0.96)	(−0.63)	(−2.51)	(−1.93)	(−2.37)
$Size_t$	−0.324 ***	−0.131 ***	0.011 0	0.000 5	0.011 3
	(−6.58)	(−2.66)	(0.34)	(0.02)	(0.36)
BM_t	−0.715 ***	−0.296 ***	−0.071 1	−0.053 0	−0.041 5
	(−8.28)	(−3.12)	(−1.09)	(−0.77)	(−0.56)
$Lever_t$	−0.001 9	−0.001 3	0.001 9 *	0.001 6	0.000 001 09
	(−1.27)	(−0.86)	(1.88)	(1.53)	(0.00)
CFO_t	0.007 0 ***	0.002 9 *	−0.001 1	−0.001 8 *	−0.001 4
	(4.30)	(1.87)	(−1.02)	(−1.72)	(−1.34)
$Growth_t$	0.399 *	−0.252	−0.473 **	−0.387 **	−0.262
	(1.68)	(−0.96)	(−2.56)	(−2.01)	(−1.26)
$CapExp_t$	0.017 4 ***	0.002 3	0.002 1	0.001 6	0.002 3
	(6.05)	(0.82)	(1.07)	(0.82)	(1.17)
ROA_t	−0.004 4	0.009 8 *	0.010 3 ***	0.014 4 ***	0.010 8 **
	(−0.92)	(1.85)	(3.16)	(4.01)	(2.47)
$Top1_t$	0.002 8	−0.003 1	−0.003 5 *	−0.002 2	−0.000 4
	(0.99)	(−1.11)	(−1.83)	(−1.09)	(−0.22)
$Duality_t$	−0.013 4	0.001 1	0.011 5	−0.009 3	−0.005 8
	(−0.37)	(0.03)	(0.43)	(−0.32)	(−0.19)
$BoardSize_t$	0.249 *	0.230 *	0.008 2	0.022 6	0.025 9
	(1.96)	(1.75)	(0.09)	(0.25)	(0.29)
$IndRate_t$	−0.500	−0.636 *	−0.040 7	0.105	0.165
	(−1.39)	(−1.70)	(−0.15)	(0.39)	(0.64)
Constant	9.343 ***	5.168 ***	1.408 *	1.516 **	1.265 *
	(8.83)	(4.78)	(1.90)	(2.06)	(1.78)

表4-19(续)

	(1) RDr$_t$	(2) RDr$_{t+1}$	(3) PatentG$_{t+1}$	(4) PatentG$_{t+2}$	(5) PatentG$_{t+3}$
Year_ FE	是	是	是	是	是
Firm_ FE	是	是	是	是	是
Obs	22 186	19 614	24 357	21 286	18 415
R2	0.835	0.836	0.807	0.821	0.837

注:括号内为 t 值,*、**、*** 代表在10%、5%、1%水平显著。变量定义请见表4-2。

表4-19中,第(1)列和第(3)列的被解释变量与主回归一致,分别研究大规模指数基金(INDEXlaS)、小规模指数基金(INDEXsmS)对于上市公司当期的创新研发投入占比(RDr$_t$)与下一期的专利获得数量的自然对数(PatentG$_{t+1}$)的影响。此外,考虑到可能存在的时滞,本节同时使用长期内的创新投入与创新产出变量进行回归。

对于创新投入而言,表格中第(1)列和第(2)列分别使用当期的和下一期的 RDr 作为回归的被解释变量。在第(1)列中,大规模指数基金(INDEXlaS)回归系数为 0.067,t 统计量为 4.41,在1%水平上显著为正,而小规模指数基金(INDEXsmS)回归系数为 0.385,t 统计量为 2.51,在5%水平上显著为正,说明不同规模大小的指数基金均可以显著提升上市公司当期的创新研发投入占比。在第(2)列中情况类似,大规模指数基金(INDEXlaS)回归系数为 0.034 7,t 统计量为 2.16,而小规模指数基金(INDEXsmS)回归系数为 0.541,t 统计量为 3.56,不同规模大小的指数基金均可以提升上市公司下一期的创新研发投入占比。

对于创新产出而言,第(3)、第(4)和第(5)列分别使用上市公司第 $t+1$ 期、$t+2$ 期和 $t+3$ 期的专利获得数量的自然对数(PatentG)作为回归的被解释变量。在第(3)列中,规模较大的指数基金(INDEXlaS)回归系数为 0.034 7,t 统计量为 2.77,在1%水平上显著为正,而规模较小的指数基金(INDEXsmS)回归系数并不显著,说明相较于小规模的指数基金,只有大规模指数基金才能提升上市公司下一期的专利获得数量。同样的情况也出现在第(4)列中,只有规模较大的指数基金持股比例(INDEXlaS)回归系数在5%水平上显著为正,而小规模指数基金(IN-DEXsmS)回归系数并不显著,也就是说,无论是近期还是更长远的时期内,指数基金对于上市公司创新产出的正面影响均由规模较大的指数基金所主导。

综上所述，无论是近期还是更长远的时期内，指数基金对于上市公司创新能力的积极作用在规模较大的指数基金中均是显著的，可以认为规模较大的指数基金能够起到更主导的作用，假设4-6得证。

第八节　进一步研究：讨论传导机制

在第四节和第七节中，本书已经证明了指数基金可以对上市公司的创新能力产生正面的影响，有助于上市公司的高质量发展，也探讨了指数基金的创新提升作用的异质性。接下来，本节将会从市场角度和内部治理角度对指数基金促进创新的内在传导机制进行分析。

市场角度主要关注上市公司的股票在二级市场内的交易情况以及上市公司的机构投资者的稳定性。指数基金作为中国证券市场内的长线玩家及较长期的投资者，可以降低市场的投机性，提升公司股权结构的稳定性。这意味着公司内管理层所面临的短期市场压力可以得到有效缓解，这是有利于公司创新能力的先决条件。已有研究说明，公司股票流动性的降低（Fang et al., 2014）、公司股权结构稳定性的上升（Sakaki et al., 2019）皆能提升公司的创新能力。于是，我们自然地产生联想：指数基金能够激活上市公司的创新能力是否根植于其能从市场角度缓解公司的短期压力。为了验证这一猜想，本节选择流通股的年度换手率（Ytnor）衡量公司股票的流动性，选择机构投资者持股水平的标准差（Isd）来衡量公司股权结构的稳定性，以此验证指数基金能否缓解上市公司所面临的由市场带来的短期压力。

而内部治理角度主要关注指数基金是否更加注重长期绩效。正如已有研究所记载，公司管理层的离职率可以在一定程度上反映出公司的风险态度，更低的管理层离职率意味着公司对于失败的容忍度更高，这可以有效地缓解管理层的短视性决策，有利于公司开展创新研究活动（Aghion et al., 2013；Tian et al., 2014；Unsal et al., 2019）。因此，本节认为指数基金可能可以通过降低公司管理层的离职率（TurnR）有效地缓解管理层的短视现象，进而提升公司的创新意愿及创新能力。

通过对以上两个角度的分析以及接下来的实证分析，本节发现指数基金持股可以通过降低公司的流通股换手率水平、机构投资者波动性水平以及管理层离职风险水平来缓解公司管理层所面临的短期压力，为创新提供更好、更适宜的条件，进而促进上市公司创新能力的提升。

一、模型、方法及样本基本情况

本节依然使用多元回归分析的方式对样本内的面板数据进行分析，分析使用如模型（4-3）所示的固定效应模型。模型中使用到的关键变量已经在表4-13中进行汇总。

$$\text{Ytnor}_{i,\,t}/\text{Isd}_{i,\,t}/\text{TurnR}_{i,\,t} = \alpha + \alpha_1 \text{INDEX}_{i,\,t} + \sum_{k=2}^{K} \alpha_k \text{Controls}_{i,\,t} + \lambda_t + \delta_i + u_{i,\,t}$$

$$(4-3)$$

模型（4-3）中添加了公司的固定效应 δ_i 和年度的固定效应 λ_t，指数基金持股比例（INDEX）的回归系数 α_1 是本小节重点关注的指标，所有回归系数使用公司、行业聚类标准误，其余各个变量的详细解释详见表4-20。

表4-20　机制部分涉及的关键变量

解释变量	$\text{INDEX}_{i,t}$	指数基金第 t 年在公司 i 的持股比例总和（%）
被解释变量	$\text{Ytnor}_{i,t}$	公司 i 在第 t 年的流通股年度换手率 $$\text{Ytnor}_{i,\,t} = \sum_{j=1}^{12} \frac{\text{第}\,j\,\text{月的股票成交量}_{i,\,t}}{\text{第}\,j\,\text{月的流通股本}_{i,\,t}}$$
	$\text{Isd}_{i,t}$	公司 i 在第 t 年内机构投资者持股比例季度数据的标准差
	$\text{TurnR}_{i,t}$	公司 i 在第 t 年内的高级管理层团队离职比例（%）
控制变量	与表4-2中一致	

表4-21中汇报了本节使用到的各个变量的基本描述统计情况。流通股的年度换手率（Ytnor）、机构投资者持股水平的标准差（Isd）、管理层离职比例（TurnR）的观测值相较于样本内的其他值而言有所缺失，因此后文进行回归分析的样本量相较于基准回归的样本量而言也有所减少。本节接下来的部分将会从市场和公司内部两个角度详细讨论指数基金影响公司创新能力的传导机制。

表 4-21 关键变量描述统计

变量名称	（1）观测值数	（2）平均值	（3）标准差	（4）最小值	中位数	（5）最大值
$INDEX_t$	27 950	0.522	0.961	0	0.090 4	9.001
$TurnR_t$	24 760	14.260	14.490	0	10	66.670
$Ytnor_t$	27 888	6.783	5.526	0.006	5.162	37.390
Isd_t	27 943	6.479	10.35	0	2.070	52.130
$OtherFund_t$	27 950	3.464	5.611	0	0.944	41.750
$Growth_t$	27 950	0.058	0.087	−0.497	0.054	0.543
$CapExp_t$	27 950	5.287	4.827	0.025	3.880	27.890
CFO_t	27 950	5.112	6.854	−21.730	5.002	29.040
$Size_t$	27 950	22.090	1.290	19.140	21.89	26.390
$Lever_t$	27 950	40.650	19.930	2.624	40.20	85.600
ROA_t	27 950	4.521	5.612	−37.310	4.256	23.700
$Duality_t$	27 950	0.272	0.445	0	0	1
$IndRate_t$	27 950	0.373	0.053	0.250	0.333	0.571
$BoardSize_t$	27 950	2.141	0.199	1.609	2.197	2.708
$Top1_t$	27 950	35.410	14.890	8.380	33.570	80.140
BM_t	27 950	0.623	0.238	0.094 6	0.622	1.233

注：变量定义详见表 4-20，连续变量已缩尾。

二、缓解市场短期压力——换手率与机构投资者波动性

指数基金可能通过缓解管理层的短期股价压力来为管理层提供长期发展视角。中国证券市场只有三十年发展历史，具有极大的投机性，短视和不成熟的投资者喜欢追涨杀跌，对股价有着重大的冲击，股价的变化给公司管理层带来强大的短期压力。指数基金作为市场上长期投资的大玩家，应该能够抑制市场的波动，降低市场的投机程度，提升股东结构的稳定性，这些都有助于减轻管理层的短期市场压力，从而为中长期的公司创新创造良好的氛围。

本节猜想指数基金的持股可以缓解公司所面临市场短期压力，因此它可能降低股票的换手率。在使用 Ytnor 作为模型（4-3）的被解释变量后，结果如表 4-22 中第（1）列所示。指数基金持股比例（INDEX）的回归系数为 -0.048 6，在 5% 水平上显著为负，意味着指数基金在公司内持股比例每上升 1 个单位，公司该年内的流通股换手率将会显著下降约 0.048 6 个单位，指数基金在公司内的持股可以有效缓解公司来自二级市场的流动性压力。

流动性过高对于公司的创新能力而言并非一件好事，方（Fang）等人在 2014 年的研究指出，股票在二级市场频繁被交易的上市公司，其创新将会受到严重的阻碍。因此，我们可以认为，指数基金能够为公司带来创新活力，这可以一定程度上归功于其对公司换手率的抑制作用，有效缓解公司面临的市场短期压力。

表 4-22　潜在机制分析

	（1） $Ytnor_t$	（2） Isd_t	（3） $TurnR_t$
$INDEX_t$	-0.048 6**	-0.337***	-0.313***
	(-2.39)	(-4.54)	(-6.65)
$OtherFund_t$	-0.136***	0.256***	0.011 2
	(-17.47)	(17.02)	(0.48)
$Size_t$	-0.740***	1.099***	0.504*
	(-8.89)	(6.22)	(1.92)
BM_t	-0.853**	4.016***	-0.758
	(-2.11)	(3.70)	(-1.07)
$Lever_t$	-0.013 3***	-0.059 6***	-0.003 78
	(-5.33)	(-10.46)	(-0.42)
CFO_t	-0.007 17	-0.009 48	-0.007 37
	(-1.65)	(-0.66)	(-0.50)
$Growth_t$	0.289	-0.028 2	-1.173
	(0.47)	(-0.03)	(-0.98)
$CapExp_t$	0.041 2***	0.087 5***	0.003 10
	(4.11)	(5.99)	(0.16)

表 4-22（续）

	（1） $Ytnor_t$	（2） Isd_t	（3） $TurnR_t$
ROA_t	0.029 2	-0.008 02	-0.083 9 ***
	(1.45)	(-0.37)	(-3.05)
$Top1_t$	0.009 71 **	0.142 ***	-0.017 7
	(2.31)	(11.70)	(-1.08)
$Duality_t$	0.107 *	0.005 30	-0.755 ***
	(1.96)	(0.03)	(-3.53)
$BoardSize_t$	0.332	1.001 *	-9.374 ***
	(1.33)	(1.84)	(-11.51)
$IndRate_t$	1.115	-1.521	-6.958 **
	(1.44)	(-0.40)	(-2.58)
Constant	22.88 ***	-25.59 ***	27.74 ***
	(13.02)	(-5.00)	(3.62)
Year_ FE	是	是	是
Firm_ FE	是	是	是
Obs	27 888	27 943	24 760
R2	0.553	0.614	0.241

注：括号内为 t 值，*、**、*** 代表在 10%、5%、1%水平显著。变量定义请见表 4-20 和表 4-2。

在缓解市场压力方面，本节也尝试从另一视角进行研究。我们猜想指数基金持股可以减轻市场的短期压力，意味着它可能会降低机构投资者的波动性。在使用 Isd 作为模型（4-3）的被解释变量后，固定效应回归结果如表 4-22 中第（2）列所示。指数基金持股比例（INDEX）的回归系数在 1%水平上显著为负，意味着指数基金在公司内持股比例每上升 1 个单位，公司该年内的机构投资者持股的标准差则会显著下降约 0.337 个单位，指数基金在公司内的持股可以帮助公司稳定其股权结构，避免公司因为短期内的股权结构波动而存在压力。

为何机构投资者的股权结构波动对于公司而言是压力呢？这是因为机构投资者频繁的交易使他们只关注当期的利润，进而将会刺激管理层的短视决策行为（Bushee，1998；Graves et al.，1990；Porter，1992）。因此，稳定的机构投资者可以抑制管理层的短视。此外，坂木和乔里（Sakaki &

Jory）在 2019 年的研究也揭示了更稳定的机构投资者结构将会为公司带来更高水平的创新能力。基于上述分析，本节认为，指数基金能够提升上市公司的创新投入和创新产出水平，可能也是部分得益于其能够稳定上市公司内机构所有权，以及稳定上市公司的股权结构。

三、缓解内部治理中短视决策现象——管理层离职比例

从公司内部的角度而言，本节猜想指数基金在公司内的持股可以减轻经理人的短期压力和他们的职业焦虑，降低高管团队的离职风险。

指数基金作为长期投资者，其对管理层的评价将更着重于其长期表现，因此，能够更大程度地容忍管理层短期内可能较差的业绩。基于此，我们猜测指数基金将有助于降低成份股上市公司管理层的更替水平。同样作为长期持有者，指数基金有更多的渠道建立与成份股上市公司管理层的沟通。例如，私下的交流和沟通、参与股东大会投票支持管理层，等等。由于在中国，指数基金并不公开其与成份股上市公司管理层的私下沟通信息，本节只能通过上市公司管理层的离职率来衡量指数基金的内部治理作用。在使用 TurnR 作为模型（4-3）的被解释变量后，结果如表 4-22 中第（3）列所示。指数基金持股比例（INDEX）的回归系数为 -0.313，t 统计量为 -6.65，意味着指数基金在公司内持股比例每上升 1 个单位，公司该年内的管理层离职比例就将显著下降约 0.313 个单位，指数基金在公司内的持股可以帮助缓解公司管理层的职业担忧，降低高管的离职风险，为公司创新失败提供一个稳定、包容的环境。

创新作为一种高风险投资，使得许多经理人因为惧怕创新失败可能带来的职业风险而选择拒绝进行创新投资决策，这或许会令公司错失许多良机，而这也同样是管理层短视的一大原因。已有文献也说明，对于失败容忍度较高、容错水平较高的环境可以缓解管理层的短视决策（Aghion et al.，2013；Unsal et al.，2019），并为公司创新提供较好的条件，进而提升公司的创新能力（Tian et al.，2014）。基于以上分析，本节认为指数基金之所以能促进公司的创新，也正是因为它们可以降低公司管理层的离职概率，缓解管理层的职业风险，为创新提供一个包容、稳定的容错环境。

综上所述，本节从市场压力角度和公司内部压力角度解读了指数基金对于缓解公司管理层短视的作用，认为指数基金持股可以通过降低公司的流通股换手率水平、机构投资者波动性水平以及管理层离职风险水平来缓

解公司管理层所面临的短期压力，为创新提供包容失败的环境，进而促进上市公司创新能力的提升。

第九节　本章小结与启示

本章以创新作为研究视角，探讨指数基金持股与上市公司高质量发展之间的内在联系，研究发现指数基金持股能显著提升公司创新水平，无论投入或产出。在控制内生性、实施一系列稳健性检验后，仍然可以看到指数基金对于公司创新的积极作用。

通过异质性分析，本章发现指数基金的创新提升作用在民营企业中、创新紧迫性更高的公司中以及注册地市场化程度更高的企业中更显著。通过将指数基金分为不同的类型讨论，本章还发现指数基金的创新提升作用主要由跟踪大盘股指数的基金以及本身规模较大的指数基金所主导。

进一步地，本章试图厘清指数基金持股能够提升公司创新水平的内在机制。本章发现，从公司外部的市场角度而言，指数基金可以通过降低公司的年度流通股换手率、提升公司内机构投资者持股的稳定性来缓解公司的短期压力；从公司内部的治理角度而言，指数基金可以降低公司管理层的职业风险，进而缓解公司管理层的短期压力。这两方面的短期压力得到了缓解，那么公司的短视决策也就得到了有效抑制，这可以为创新提供良好的前提条件和包容的环境土壤。

本章的内容丰富了机构投资者治理效应相关文献，为消极投资者的积极创新作用提供了全新的实证证据。本章的研究结论也可以为公司、投资人、政府机构等微观市场主体理解不同类型机构投资者对公司治理异质性效应提供全新的视角和证据，为公司创新的提升提供新的参考，为上市公司高质量发展的途径提供新的思路。

第五章　指数基金与公司社会责任

　　前文详细总结了指数基金的现状，分析了其可能存在的治理作用，讨论了一些关于它们能否、愿否、会否通过各种途径影响上市治理及高质量发展的争议。同时，也已从创新能力的视角证明了指数基金对于上市公司高质量发展的作用。本章将从公司社会责任水平的视角，继续详细地探讨指数基金这一消极机构投资者的代表能否为上市公司的高质量发展保驾护航。

　　本章选择社会责任作为研究对象，一方面，是因为社会责任战略可以使企业获得可持续竞争优势（McWilliams et al.，2011），帮助企业树立良好品牌形象，保持消费者黏性（Bhattacharya et al.，2004），也可以降低公司诉讼风险，最终提升公司的长期价值（Kim et al.，2019）。对于指数基金这样的长期投资者，公司的长期价值将影响其收益率。另一方面，近年来，由于经济的高速增长，环境、资源、社会问题日益严峻，投资机构越来越重视企业社会责任绩效而不单单是财务绩效。而中国国内指数基金近年来的蓬勃发展为探究指数基金能否提升公司的社会责任水平提供了良好的素材，也为研究指数基金对上市公司高质量发展的影响提供了依据。

　　详细的分析将在本章的各个小节分别铺开，本章接下来的内容将从引言（第一节）、现实背景与上市公司社会责任现状（第二节）、理论分析与研究假设（第三节）、研究设计（第四节）、实证结果与分析（第五节）、内生性处理（第六节）、稳健性检验（第七节）、异质性分析（第八节）、传导机制（第九节）、本章小结与启示（第十节）十个方面分析探究指数基金持股对于上市公司社会责任承担的作用，探讨指数基金之于上市公司高质量发展的影响。

第一节　本章引言

近十年来，指数基金蓬勃发展，在市场上发挥着越来越重要的作用。截至 2022 年年底，指数基金产品数量和规模分别达到 1 819 个和 2.41 万亿元人民币①，占基金市场规模近 20%。指数基金的巨大市场规模意味着它们能够影响企业决策的潜力。我们不免好奇：作为被动投资者，指数基金对其投资组合内的公司有治理作用吗？组合内的企业哪些方面会受到它们的影响？这些因素是否会影响企业社会责任的水平？本章的研究试图厘清这些问题。

正如前文所言，一直以来关于消极投资者的争议从未间断。正因为指数基金不能通过"用脚投票"施加威胁，不少学者对其治理作用抱有悲观预期（Heath et al.，2022）。然而，也有许多文献找到了消极投资者影响公司决策的证据（Appel et al.，2016，2019；Fu et al.，2021；Hshieh et al.，2021；Iliev et al.，2015），表明以指数基金为代表的消极投资者不仅有动机去干预公司决策，也有能力干预公司的决策。

即使如此，以上讨论也不能解答指数基金是否能影响上市公司社会责任（简称 CSR）。利益相关者理论提出后（Campbell，2007），企业社会责任在学界逐渐成为极具热度的话题（Chen et al.，2020；Dyck et al.，2019；Liang et al.，2017）。

据已有研究，企业社会责任投资可以给企业带来许多长期利益，甚至可以增加企业的长期价值（Kim et al.，2019）。然而，基于代理理论，管理层短视决策往往为达成短期绩效目标牺牲长期投资，企业社会责任投资这样的长期投资也难以幸免。不过，对于长期机构投资者（Kim et al.，2019；Neubaum et al.，2006）及国外机构投资者（Dyck et al.，2019；Li et al.，2021）而言，由于其关注企业长期绩效的特征，可以有效缓解管理层的短视行为。这使得我们不免好奇，若以指数基金为代表的消极投资者同样关注组合内公司的长期价值，那它们是否也如长期机构投资者和国外机构投资者一样，能缓解公司管理层短视现象、提升公司社会责任水平？

---

① 数据来自 Wind 数据库

本章解释变量也使用国泰安数据库提供的基金持股数据分别计算各上市公司中指数基金持股比例的多少。被解释变量为和讯网提供的企业社会责任评分及公司是否公开披露 CSR 报告。由于和讯网的数据自 2010 年开始公布，至 2020 年为止，因此本章的研究使用 2010—2020 年的数据进行回归分析，探究指数基金持股比例对公司社会责任报告披露意愿及社会责任评级的作用。

发现公司内指数基金持股比例更高，则社会责任报告披露意愿和第三方社会责任评级水平也更高。接下来本章通过更换时间段等途径进行稳健性检验，同时对指数基金对公司社会责任水平影响的内生性也进行了处理。本章针对潜在内生性分别使用了倾向得分匹配（PSM）、增量模型（Change Regression）及工具变量（Instrument Variable）。在进行了这一系列处理之后，本章的结论依旧稳健不变。

考虑到指数基金作用的异质性，本章发现指数基金对社会责任的积极作用在国有企业和行业内竞争激烈的企业中更为显著。

进一步地，指数基金通过何种途径影响到上市公司的社会责任水平也是本章关注的重要问题。我们猜测，指数基金可能通过对内改善内部短视和对外吸引外部关注两个渠道来影响投资组合内上市公司的社会责任。第一个途径是缓解内部短视，也就是说指数基金可以通过缓解公司管理层的短视来为公司创造社会责任投资的可能。长期机构投资者更加关注上市公司的长期价值而非短期绩效（Kim et al.，2019；Neubaum et al.，2006），因而可以通过缓解管理层短视促进企业社会责任水平的提升。而指数基金无法随意抛售自己投资组合内公司的股票，只能被动地长期持有，其长期利益绑定的性质决定了相较于短期绩效而言，指数基金也将更关注公司的长期价值，即其对管理层的评价将更看重于其长期表现，因此，能够更大程度地容忍管理层短期内可能较差的业绩，这可能可以有效缓解管理层的短视压力。管理层的短视决策往往会牺牲长期投资来达到短期绩效目标（Bushee，1998；Chen et al.，2015；Cheng，2004），企业社会责任投资这样的长期投资也很难被排除在外。当管理层的短视压力得到缓解时，企业会更加注重长期投资，因而也更有可能投资于企业的社会责任建设。因此本章猜测，指数基金可以通过缓解管理层短视的途径提升公司的社会责任水平，结论显示，指数基金持股比例更高的上市公司，其管理层的短视程度显著更低，其中，指数基金持股比例每上升 1 个单位，管理层的短视主义指数（Myopic_ adj）就显著下降 0.018 3 个单位。

第二个途径是吸引外部关注，也就是指数基金可以通过帮助公司获得更高的分析师关注为企业带来社会责任动机。指数基金作为资本市场中重要的机构，其与分析师之间完全存在信息共享的可能，这无形之中可以提升分析师对其持股公司的关注。而分析师跟踪关注公司可以为上市公司带来监督和信息生产，当公司实现良好的企业社会绩效时，更有可能得到利益相关者的准确评估，这将有助于企业声誉累积并鼓励企业进一步参与企业社会责任投资。已有研究也可以印证这样的逻辑：当公司面临较高的分析师关注度时，往往会选择提升公司的社会责任水平（Jo et al.，2014；Zhang et al.，2015）。而本章的结果显示，指数基金持股比例更高的上市公司，其分析师关注度往往更高，公司内的指数基金持股比例每上升 1 个单位，分析师关注度（AnaNum）则会显著提升 0.113 个单位，这可以为上市公司社会责任的提升提供一个良好的契机。

本章证实了以指数基金为代表的消极机构投资者对上市公司社会责任的积极作用，主要的贡献如下：

第一，本章首次从 CSR 角度出发，为指数基金对上市公司高质量发展的积极效应提供了实证证据。在现有文献中，一些学者对指数基金抱有较为悲观的态度，而另一些学者则找到了消极投资者对上市公司积极作用的证据：指数基金可以参与代理投票（Iliev et al.，2015）、缓解搭便车现象（Appel et al.，2019）、改善公司的长期绩效（Appel et al.，2016）、提升公司创新能力（Fu et al.，2021）。然而，却鲜少有学者关注其对于公司社会责任的作用，因此，本章以企业社会责任为出发点，为消极投资者的积极作用提供了新的经验证据。

第二，本章的研究为企业社会责任相关理论提供了新的实证依据。随着全球环境问题日益严峻、社会问题日益突出，上市公司的社会责任逐渐受到广泛关注，如何提升上市公司社会责任也是学者们一直关心的问题。机构投资者有潜力改变上市公司决策是学界的共识，已有文献证明了境外机构投资者（Dyck et al.，2019；Li et al.，2021）以及长期机构投资者（Kim et al.，2019；Neubaum et al.，2006）对企业社会责任具有正面作用。作为市场份额不断增长的机构投资者，指数基金在近十年来得到蓬勃的发展，但其对企业社会责任的作用却很少受到学者的关注。本书首次从消极投资者的角度探讨了这一问题，为企业社会责任相关理论提供了新的实证证据。

第二节　现实背景与上市公司社会责任现状

企业社会责任是近几十年最热门的话题之一。中国证券监督管理委员会在2021年对2017年发布的信息披露准则第2号①进行了修订，相较于2017版而言，2021版规定上市公司须在年报中披露报告期内因环境问题所受的行政处罚。同样，为鼓励企业承担更多的社会责任，深交所和上交所分别于2006年和2008年实施了相关指引②，倡导上市公司积极承担社会责任，鼓励企业披露社会责任报告。

不过，指引均强调鼓励而非强制。据深交所和上交所，只有四类公司需要应规披露公司的社会责任报告③："上证公司治理板块"样本公司、发行境外上市外资股的公司、金融类公司及纳入"深证100指数"的上市公司。除上述四类企业外，其余企业不受强制披露约束，但也鼓励企业自愿发布独立的社会责任报告。

尽管近年来中国出台了大量的准则、标准和规范来强调企业社会责任，主动披露CSR报告的企业逐年增加，但国内整体社会责任报告披露情况仍然不算理想。在本章的样本中，平均只有26.88%的上市公司披露了单独的社会责任报告。表5-1中汇报了本章研究样本内的详细社会责任报告披露情况。

表5-1　上市公司社会责任报告披露情况

年份	样本量	披露报告比例	披露报告公司数	应规披露比例	应规披露公司数	自愿披露比例	自愿披露公司数
2010	1 517	26.4%	400	19.2%	292	7.1%	108
2011	1 782	27.0%	482	17.3%	309	9.7%	173
2012	1 939	27.6%	536	16.5%	320	11.1%	216

---

① 《公开发行证券的公司信息披露内容与格式准则第2号——年度报告的内容与格式》。

② 《深圳证券交易所上市公司社会责任指引》、《上海证券交易所上市公司环境信息披露指引》。

③ 上交所《关于做好上市公司2013年年度报告工作的通知》：http://www.sse.com.cn/aboutus/mediacenter/hotandd/c/c_20150912_3988733.shtml，深交所《关于做好上市公司2012年年度报告披露工作的通知》：http://www.szse.cn/disclosure/notice/general/t20121231_501057.html。

表5-1(续)

年份	样本量	披露报告比例	披露报告公司数	应规披露比例	应规披露公司数	自愿披露比例	自愿披露公司数
2013	1 910	29.3%	559	18.1%	346	11.2%	213
2014	1 973	29.0%	573	17.8%	351	11.3%	222
2015	2 151	27.9%	601	16.3%	351	11.6%	250
2016	2 394	26.6%	637	14.9%	356	11.7%	281
2017	2 820	24.6%	694	12.2%	345	12.4%	349
2018	2 895	26.2%	759	11.6%	336	14.6%	423
2019	3 008	26.9%	809	10.9%	327	16.0%	482
2020	3 492	26.0%	907	8.6%	299	17.4%	608
合计	25 881	26.9%	6 957	14.0%	3 632	12.8%	3 325

注：数据来源本书整理。

同时，许多权威的第三方机构也自发提供企业社会责任评级服务。其中，和讯网提供的评级涵盖范围最为广泛，包含全体上市公司，每年发布一次针对所有上市公司的社会责任评级，包含五个方面的考虑：股东责任（占30%），员工责任（占15%），供应商、客户和消费者权益责任（占15%），环境责任（占20%），社会责任（占20%）。

综上所述，针对企业社会责任，我国特殊的制度背景，政府、市场和评级机构对其的重视程度，及其不够理想的现状，都使得我国企业为本章的研究提供了一个独特的样本。

第三节　理论分析与研究假设

一、指数基金与上市公司社会责任承担

首先，指数基金长期持股的性质有可能帮助其加大公司的社会责任投资。

许多文献将企业社会责任定义为企业为减轻其运营对利益相关者的潜在有害影响所做出的努力（Jha et al.，2015；Li et al.，2021；Peloza et al.，2011）。基于利益相关者理论，企业社会责任可以帮助公司降低诉讼风险

（Shane et al.，1983；Waddock et al.，1997），减少现金流风险（Nguyen et al.，2020），减少营收风险和股价波动风险（冯丽艳 等，2016），提升公司的声誉（Hill et al.，1992；Titman，1984），最终提升公司的长期价值（Kim et al.，2019；Nguyen et al.，2020）。

然而长期价值却不一定会被管理层重视。代理理论认为，公司管理层在进行决策时由于会考虑其自身的风险，因而可能存在短视现象以至于忽略公司的长期利益。来自财务报告的业绩压力可能会促使管理层通过削减长期投资来提高短期收益（Bushee，1998；Chen et al.，2015；Cheng，2004）。企业社会责任投资作为一项长期、无形资产（Nguyen et al.，2020），很容易因为管理层短视决策而被牺牲。不过，长期机构投资者（Kim et al.，2019；Neubaum et al.，2006）以及国外机构投资者（Dyck et al.，2019；Li et al.，2021）由于其关注企业长期绩效，可以有效缓解管理层的短视行为。

有意思的是，前文已经提到，指数基金是一类特殊的机构投资者，它们极少有机会退出公司（Appel et al.，2016），这意味着指数基金通常具有长期投资视野，也更应关注企业的长期价值，而这种能够缓解管理层短视、关注企业长期价值的长期视野正好是企业社会责任投资所需要的（Kim et al.，2019；Neubaum et al.，2006）。由此可见，指数基金作为持有期限较长的机构投资者，或可减少企业短视决策，帮助企业将关注点由短期业绩转向长期价值，进而提升公司的社会责任水平。

其次，指数基金也具有提升公司社会责任的能力。已有文献证明消极投资者具有影响企业决策的能力：指数基金可以参与代理投票（Iliev et al.，2015），缓解公司面临的搭便车现象（Appel et al.，2019），改善公司的长期业绩（Appel et al.，2016），提升公司的创新水平（Fu et al.，2021）。企业社会责任投资自然也是企业投资决策的一种。因此，本书猜测指数基金有能力影响公司的社会责任水平。

具体而言，指数基金可能影响公司决策的途径往往包括台前参与表决（Farizo，2022；Iliev & Lowry，2015）和幕后与管理层沟通（Azar et al.，2021；Hshieh et al.，2021），但国内的指数基金并不公布其投票数据及其与管理层之间沟通的数据，因此，只能通过其他间接渠道分析指数基金对企业社会责任的潜在影响。从对内角度来说，长期机构投资者（Kim et al.，2019；Neubaum et al.，2006）更加关注上市公司的长期价值而非短期绩效，因而可以通过缓解管理层短视的方式促进企业社会责任水平的提升。而指数基金被动地长期持有公司股票，或更关注公司的长期价值，其对管理层的评价将更侧重于长期表现，因此能够更大程度地容忍管理层短期内可能较差的业绩，这或可有效缓解管理层的短视压力。当管理层的短视压力得到缓解时，企业会更加注重长期投资，因而也更有可能投资于企业的社会责任建设。从对外角度来说，指数基金作为资本市场中重要的机构，其与分析师之间完全存在信息共享的可能，这无形之中可以提升分析师对其持股公司的关注。而分析师的跟踪关注又可以为上市公司带来监督和信息生产，当公司实现良好的企业社会绩效且信息充足时，可以获得利益相关者更准确的评估，这将有助于企业声誉累积并鼓励企业进一步参与企业社会责任投资（Jo et al.，2014；Zhang et al.，2015）。

最后，指数基金也有动机对公司的社会责任水平进行干预。事实上，指数基金可以通过提升组合内公司的社会责任水平而获益。社会责任水平的提升往往伴随着公司长期价值的提升（Kim et al.，2019；Nguyen et al.，2020），各类风险的降低（冯丽艳 等，2016；Nguyen et al.，2020；Shane et al.，1983；Waddock et al.，1997）。也就是说，组合内的公司社会责任水平提升，可以为管理投资组合的指数基金带来更高的组合收益和更低的组合风险，同时也可以维持那些对企业社会责任较为敏感的客户（Azar et al.，2021）。此外，Lewellen 等（2022）的研究给出了直接证据，证明了指数基金影响公司决策可以带来足够的经济激励。

综上所述，指数基金有可能、有潜力和途径，也有动机来提升公司的社会责任水平，关注公司长期、高质量发展。因此，本小节提出本章的第一个假设。

假设 5-1：其他条件相同，指数基金持股比例的上升可以显著提升公司的社会责任水平。

二、指数基金、股权性质与社会责任

国有企业作为中国独特制度背景的产物，与民营企业的股权结构不同，而两者间最终控制人性质的不同往往导致它们在社会责任方面的敏感性存在差异。一般而言，国企高管享行政级别，企业形象关系到其官员绩效以及升迁（刘柏和卢家锐，2018），因此国有企业往往受政府的管制和影响较多，需要服从政府的引导，承担更多的社会责任。黄速建和余菁

（2006）也指出社会也对国企抱有更高期望。这使国有企业更易受外界影响而去承担社会责任。因此，出于政治动机和政治目的，国企会选择"顺应潮流"（刘柏和卢家锐，2018）。这使国有企业经理人具有更高的企业社会责任敏感性，也就更容易受到指数基金的影响。基于上述文献，本小节提出本章第二个假设。

假设 5-2：其他条件相同，国有企业内指数基金对于公司社会责任的正面作用更显著。

三、指数基金、行业竞争与社会责任

从利益相关者理论的角度来看，上市公司选择承担社会责任是出于利益相关者的考虑（Jha & Cox，2015；Peloza & Shang，2011）。如果上市公司与其利益相关者可以保持较为良好的关系，这些利益相关者往往可以在未来回馈公司（Deng et al.，2013），从长远的角度来看，这创造长期价值，提升企业可持续的竞争优势（McWilliams & Siegel，2011）。当公司面临更激烈的市场竞争时，为了在残酷的市场竞争中得以存活甚至获得优势，指数基金可能会更有动力去鼓励公司承担社会责任，从而增强公司的竞争优势。

基于以上的文献分析，本小节提出本章第三个假设。

假设 5-3：其他条件相同，相较于面临行业竞争较低的上市公司，在面临行业竞争较高的上市公司内指数基金对于上市公司社会责任的正面作用更显著。

第四节　研究设计

一、样本与数据来源

使用 2010—2020 年 A 股上市公司数据，分析指数基金持股比例对公司社会责任水平的影响。数据来自国泰安数据库、万得数据库以及和讯网。本小节将从指数基金持股比例数据、上市社会责任水平数据、其他上市公司相关数据、样本处理原则四个方面对本章研究所选样本及数据进行详细介绍。

（一）指数基金持股比例数据

在本章的研究中，指数基金持股数据来源于国泰安数据库内公司研究系列数据库中的"股东"子库内的"基金持股文件"，该数据库提供了各个基金各个季度披露的详细持股信息。由于季报只披露前十大重仓股而非全部持股信息，本章仅使用半年报和年报数据计算指数基金对于某公司的年均持股值。

具体而言，针对数据库提供的全体基金的持股数据，本章首先使用以下两条原则对指数基金进行筛选：①基金名称中包含如"指数""综指""成指""ETF""交易型开放式""沪深300"等可以表明指数基金身份的字段；②万得数据库中有给出其所跟踪指数。本章将国泰安数据库内所有基金中满足上述两条原则中任何一条的基金标记为"指数基金"，其余的基金则是非指数基金。

由于每家上市公司可能被多个指数基金同时持有，本章需要先计算每家公司每半年内的指数基金持股比例总和，再将半年报数据与年报数据取平均，得到某家公司的年均指数基金持股比例。

（二）上市公司社会责任水平数据

本章衡量公司社会责任主要基于两个方面的考量：一方面是公司的内在评价——公司是否披露单独的社会责任报告；另一方面是公司的外部评价——第三方评级机构对公司的社会责任评分。

其中，公司是否披露独立的社会责任报告的数据来自国泰安数据库，而评分数据来自和讯网。

和讯评级在中国具有知名度和权威性。诚然，中国国内还有许多其他的社会责任评级产品，其中关注度和使用度较高的当属润灵环球的社会责任评级产品，但润灵评级仅针对披露报告的公司。并非所有上市公司都会披露单独的社会责任报告，除"上证公司治理板块"样本公司、"境内外同时上市的公司"、"金融类公司"及纳入"深证100"指数的四类公司需要在披露公司年报的同时披露社会责任报告外，其余公司均不受约束。

相较于润灵环球仅针对部分公司提供社会责任评分，和讯网所提供的针对全体上市公司的社会责任评分具有更高的完整性，可一定程度避免选择偏误。和讯网每年都会对国内所有上市公司的社会责任情况进行总体评价，从五个方面的情况分别对公司进行打分，最后每年每家公司都会得到五个子项评分、一个总体评分以及相应的评价等级。

（三）其他上市公司相关数据

本章研究所使用的上市公司名录、基本信息、行业信息等数据来自国泰安数据库，样本内包含 2010—2020 年"公司—年度"面板数据 25 881 条。此外，本章除上市公司指数基金持股数据、社会责任数据外，还用到一些公司层面的财务数据，均来自国泰安数据库和万得数据库。

（四）样本处理原则

由于和讯网提供的数据时间段只包含 2010—2020 年，因此本书采用此时间段作为样本期。

另外，本章根据以下原则剔除数据：①在样本期间内曾被标记为 ST 或 ST* 的公司；②金融行业的公司；③样本研究期间内数据有缺失的上市公司。根据上述三条原则对样本数据进行剔除后，样本内剩余上市公司 3 552 家，共计"公司—年度"数据 25 881 条（由于 CSRhx 使用 $t+1$ 期值，真正进入回归的数据只有 22 329 条）。值得一提的是，所有连续变量在 1% 和 99% 水平缩尾。

二、关键变量

本章试图研究指数基金持股是否会对上市公司的社会责任水平产生影响，而本小节将对使用到的三类关键变量进行详细介绍和分析。

（一）解释变量——指数基金持股比例

本研究试图厘清指数基金是否能提升企业的社会责任意识，因此解释变量自然是指数基金的持股比例，即 INDEX。第一小节中已经对指数基金持股比例（INDEX）的构造方式和数据来源进行了详细的介绍，这里不再赘述，仅对解释变量在样本期内的分年度情况进行汇报，结果如表 5-2 中所示。

表 5-2　指数基金持股比例分年度基本情况

年度	样本量	平均值	标准差	最小值	最大值
全样本	25 881	0.541	0.995	0	8.442
2010	1 517	0.470	0.823	0	3.836
2011	1 782	0.431	0.830	0	4.197
2012	1 939	0.534	1.025	0	5.748
2013	1 910	0.511	0.992	0	5.304

表5-2(续)

年度	样本量	平均值	标准差	最小值	最大值
2014	1 973	0.547	0.909	0	4.273
2015	2 151	0.752	1.364	0	8.442
2016	2 394	0.647	1.179	0	8.049
2017	2 820	0.441	0.840	0	5.781
2018	2 895	0.480	0.874	0	5.116
2019	3 008	0.575	0.964	0	5.060
2020	3 492	0.545	0.974	0	5.093

表5-2 对样本研究期内的 INDEX 进行了详细的刻画。指数基金持股比例并无明显变化趋势，均值稳定在 0.5% 左右，最大值为 8.442%，出现在 2015 年。

（二）被解释变量——上市公司社会责任水平

本书的被解释变量为上市公司的社会责任，主要从两个方面衡量。①披露意向：报告的披露意向可以反映公司对自身社会责任的认可度，这是一种内在的评价机制；②第三方评价：第三方评价可以反映外界对公司社会责任总体情况的评价，这是一种外部的评价机制。内外评价的结合可以更全面地衡量上市公司社会责任的承担情况。基于此，本书选择 Disclose 作为上市公司内部评价的指标，当公司当年选择披露单独的社会责任报告时，Disclose 取 1，否则为 0；外部评价的指标选择和讯网对上市公司的社会责任评分 CSRhx。

值得一提的是，和讯网不仅提供了针对每个上市公司的社会责任总体评分 CSRhx，同时也给出了五个方面的评分子项①，按照不同权重共同组成了和讯网评分。因此，本章也进一步将五个子项分别作为被解释变量进行探讨。

此外，和讯网据其对于每个公司的社会责任总体评分，赋予每个公司一个社会责任评级，从 A 到 E，A 表示得分 80 以上，B 表示 60 分以上，C

---

① 分别为股东责任（占 30%，记为 HxShr），员工责任（占 15%，记为 HxEmp），供应商、客户和消费者权益责任（占 15%，记为 HxSup），环境责任（占 20%，记为 HxEnv），社会责任（占 20%，记为 HxSoc）。

表示得分 40 以上，D 表示得分 0 分以上，E 则表示得分为负。为了使评级得到量化，本书使用数字 1~5 分别代表等级 E~A，于是得到新的变量 CS-Rr，用于衡量和讯网对于上市公司社会责任的评级，该变量将会在内生性处理及稳健性检验部分使用。同样用于内生性处理及稳健性检验的还有根据每年内上市公司社会责任总体评分进行的排名，HxRank。

（三）控制变量

本章的研究一共选择了十二个控制变量，几乎都是公司层面的特征，受到前人研究的启发（Amin et al.，2020；Dyck et al.，2019；Griffin et al.，2020；Kim et al.，2019；Li et al.，2021；McGuinness et al.，2017），本章控制了公司规模、市值、负债、利润以及一些治理方面的特征变量。

具体而言，公司的规模越大，能够产生的社会影响越大（Cowen et al.，1987；Udayasankar，2008），能够承担的社会责任往往也越大，因此，本书将公司规模（Size）作为控制变量加入到回归中；参考格里芬（Griffin）等人 2020 年的研究以及金（Kim）等人在 2019 年的研究，本书也控制账面市值比（BM）；参考阿敏（Amin）等人 2020 年、格里芬（Griffin）等人 2020 年、里（Li）等人 2021 年以及麦吉尼斯（McGuinness）等人 2017 年的研究，公司承担社会责任往往关乎公司财务状况，因此，本书同时控制了公司的杠杆水平（Lever）和总资产回报率（ROA）。

代理理论认为，当公司治理情况较差的时候，委托人并不能很好地约束代理人的行为决策。管理层从自利的角度出发进行决策往往会损害公司的长期利益，即决策存在短视主义，而企业社会责任也并不是一项短期内可以取得巨额回报的投资，因此公司的治理水平可能也会对企业的社会责任造成影响，参考里（Li）等人 2021 年以及麦吉尼斯（McGuinness）等人 2017 年的研究，本书尝试在回归时控制股权集中度、董事会独立性等。

此外，戴克（Dyck）等人 2019 年的研究认为，机构投资者基于经济回报和社会回报两方面的动机，会影响公司社会责任，金（Kim）等人 2019 年的研究和里（Li）等 2021 年的研究也证明，不同类型机构投资者都可能对社会责任有影响。为准确地识别出指数基金的作用，本书也将除指数基金外的其他机构投资者的持股比例作为一个变量 OtherIns，加入模型并加以控制。

本小节所述的所有变量均已在表 5-3 中列示。

表 5-3　研究涉及的关键变量

解释变量	$INDEX_{i,t}$	指数基金第 t 年在公司 i 的持股比例总和（%）
被解释变量	$Disclose_{i,t+1}$	虚拟变量，公司 i 在第 $t+1$ 年是否披露 CSR 报告，披露则 $Disclose_{i,t+1}$ 取 1，否则 $Disclose_{i,t+1}$ 取 0。 是否披露社会责任报告反映公司本身对社会责任水平的内在评价。
	$CSRhx_{i,t+1}$	公司 i 在第 $t+1$ 年的和讯网社会责任评分，第三方评分机构的打分反映外界对公司社会责任水平的外在评价。
	$HxShr_{i,t+1}$	公司 i 在第 $t+1$ 年的和讯网社会责任评分中股东责任项的得分，是 CSRhx 的五个构成子项之一。
	$HxEmp_{i,t+1}$	公司 i 在第 $t+1$ 年的和讯网社会责任评分中员工责任项的得分，是 CSRhx 的五个构成子项之一。
	$HxSup_{i,t+1}$	公司 i 在第 $t+1$ 年的和讯网社会责任评分中供应商、客户和消费者权益责任项的得分，是 CSRhx 的五个构成子项之一。
	$HxEnv_{i,t+1}$	公司 i 在第 $t+1$ 年的环境责任项的得分，是 CSRhx 的五个构成子项之一。
	$HxSoc_{i,t+1}$	公司 i 在第 $t+1$ 年的和讯网社会责任评分中社会责任项的得分，是 CSRhx 的五个构成子项之一。
	$CSRr_{i,t+1}$	公司 i 在第 $t+1$ 年的社会责任评级。 $CSRr_{i,t+1}$ 是取值为 1~5 的分级变量，$CSRr_{i,t+1}$ 取 1 时意味着公司社会责任评级为 E，$CSRr_{i,t+1}$ 取 5 时意味着公司么会责任评级为 A。
	$HxRank_{i,t+1}$	公司 i 在第 $t+1$ 年的社会责任情况排名。

表5-3(续)

解释变量	$INDEX_{i,t}$	指数基金第 t 年在公司 i 的持股比例总和（%）
控制变量	$OtherIns_{i,t}$	公司 i 在第 t 年的其他机构持股比例（%）。
	$ManaShr_{i,t}$	公司 i 在第 t 年的管理层持股比例（%）。
	$H10_{i,t}$	公司 i 在第 t 年的股权集中度，是前十大股东持股比例的赫芬达尔指数。
	$Size_{i,t}$	公司 i 在第 t 年的公司规模。 Size=ln（总资产）
	$ROA_{i,t}$	公司 i 在第 t 年的资产净利润率。 ROA=净利润/总资产
	$Lever_{i,t}$	公司 i 在第 t 年的财务杠杆水平（%）。
	$BM_{i,t}$	公司 i 在第 t 年的账面市值比。
	$ManaSize_{i,t}$	公司 i 在第 t 年的管理层规模。 $ManaSize_{i,t}$=log（管理层人数）
	$BoardSize_{i,t}$	公司 i 在第 t 年的董事会规模。 $BoardSize_{i,t}$=log（董事会人数）
	$IndRate_{i,t}$	公司 i 在第 t 年的董事会独立性。 IndRate=独立董事人数/董事会总人数
	$Duality_{i,t}$	公司 i 在第 t 年 CEO 兼任情况，虚拟变量，当公司的 CEO 兼任董事长时取 1，否则取 0。
	$HHI_{i,t}$	第 t 年公司 i 所在行业的赫芬达尔指数，使用公司的营收占比计算。

三、研究分组规则

本章在研究上市公司指数基金积极社会责任作用的基础上，还将继续探索不同子样本中指数基金持股对于上市公司社会责任水平作用的差异，因此，本章在异质性分析部分将会按照以下两个原则对样本进行分组：①国有企业与民营企业的不同；②行业竞争性较高的公司与其他公司之间的不同。

（一）国有企业与民营企业

研究将整个样本分为两个子样本：国有企业和民营企业。将会探讨两个子样本中指数基金对上市公司社会责任水平的影响情况是否一致。本章使用国泰安数据库提供的股权性质数据对研究的数据样本进行划分。只有当公司是国有企业时，SOE 取值为 1。

（二）行业竞争程度高低

研究探索行业竞争性的调节作用时，将整个样本划分为两个子样本：所在行业竞争性较高或较低的公司，随后再探讨指数基金对于上市公司社会责任的作用在这两个子样本之间是否存在差别。

本章使用公司所在行业的 HHI 作为分组的依据，HHI 的计算方式如下：①利用国泰安数据库（CSMAR）提供的行业细分代码标识公司所在行业；②使用 Wind 数据库提供的各公司的营业收入计算各个行业内的营业收入总和；③计算各个公司的营业收入占所在行业的营业收入的比例；④计算各行业内各个公司的营收占比的平方和，作为该行业的赫芬达尔指数（HHI），该指数的取值范围将落在 0 到 1 之间。

其中，行业的赫芬达尔指数越高，行业集中度越高、竞争性越低；而赫芬达尔指数越低，行业内分散度越高、竞争性更高。本章以每年各行业 HHI 的中位数分组。公司所在行业竞争性高则 Compete = 1，反之为 0。

四、研究模型设计

本章以公司社会责任水平作为切入点，研究指数基金对于上市公司高质量发展的作用，主要探究指数基金在公司内的持股比例（INDEX）对于上市公司社会责任水平的影响。考虑到内在评价（CSR 报告披露意愿）和外部评价（和讯网 CSR 得分）两个方面，本书使用 2010—2020 年的面板数据，依赖以下两组回归模型进行分析。

$$\text{Disclose}_{i,\ t+1} = \alpha_0 + \alpha_1 \text{INDEX}_{i,\ t} + \sum_{k=2}^{K} \alpha_k \text{Controls}_{i,\ t} + \lambda_t + \delta_j + u_{i,\ t}$$

$$(5-1)$$

$$\text{CSRhx}_{i,\ t+1} = \alpha_0 + \alpha_1 \text{INDEX}_{i,\ t} + \sum_{k=2}^{K} \alpha_k \text{Controls}_{i,\ t} + \lambda_t + \delta_j + u_{i,\ t}$$

$$(5-2)$$

模型（5-1）、（5-2）分别探究指数基金对于 CSR 内外部评价的影响。

（一）内部评价

由公司是否披露独立社会责任报告衡量。愿意披露的公司相较于不愿意披露的公司往往对自身的社会责任水平具有更强的信心，代表内部认可程度。模型（5-1）探讨上市公司内指数基金持股比例（INDEX）对于公司是否披露单独的社会责任报告 Disclose 的影响，因为被解释变量 Disclose

是虚拟变量，所以模型（5-1）使用 logit 回归模型。

（二）外部评价

使用和讯网 CSR 评分衡量，和讯网作为权威的第三方评级机构，其评分可代表外界对公司的认可程度。模型（5-2）探讨上市公司内指数基金持股比例 INDEX 对于公司的和讯网社会责任得分 CSRhx 的影响，采用 OLS 回归的方式对回归系数进行估计。

其中，模型（5-1）和模型（5-2）除考虑控制变量的影响外，还控制了 λ_t 代表的年度固定效应和 δ_j 表示的行业固定效应。此外，为了获得一个更稳健的估计结果，所有标准误均在公司个体层面进行聚类。

为避免双向因果，模型（5-1）、（5-2）的被解释变量均为 $t+1$ 期。

本章主要探究的内容为指数基金持股比例对于上市公司社会责任水平的影响，对于公司社会责任的内部评价（社会责任报告披露意愿 Disclose）的影响由模型（5-1）捕捉，主要关注 INDEX 的回归系数 α_1；而外部评价（和讯网社会责任评分 CSRhx）的影响由模型（5-2）捕捉，主要关注的 INDEX 的回归系数 α_1。

具体的实证分析内容将在下一节给出。

第五节　实证结果与分析

本节试图从实证的角度找到指数基金所有权对上市公司社会责任水平的影响，主要从描述统计和主要回归结果两个方面对数据分析的结果进行解读。

一、描述统计与单变量分析

（一）变量总体概况

本章在表 5-2 中已经对 INDEX 的具体情况进行了详细的分年度描述统计，除了 INDEX 之外，表 5-4 中也汇报了其他关键变量的具体描述统计情况。

表5-4　描述统计

变量名称	(1)观测值数	(2)平均值	(3)标准差	(4)最小值	(5)中位数	(6)最大值
$INDEX_t$	25 881	0.541	0.995	0	0.096	8.442
$Disclose_{t+1}$	22 329	0.287	0.452	0	0	1
$CSRhx_{t+1}$	22 329	24.806	15.110	−3.520	22.49	79.170
$OtherIns_t$	25 881	36.527	24.063	0	37.030	86.627
$Size_t$	25 881	22.149	1.291	19.781	21.950	26.477
ROA_t	25 881	0.045	0.053	−0.360	0.042	0.213
Lev_t	25 881	0.404	0.201	0.026	0.397	0.870
BM_t	25 881	0.623	0.241	0.091	0.624	1.252
$ManaSize_t$	25 881	1.801	0.356	0.693	1.792	2.708
$BoardSize_t$	25 881	2.130	0.199	1.609	2.197	2.708
$IndRate_t$	25 881	0.375	0.054	0.300	0.333	0.600
$Duality_t$	25 881	0.286	0.452	0	0	1
$ManaShr_t$	25 881	15.356	21.015	0	1.112	71.051
$H10_t$	25 881	0.167	0.115	0.014	0.140	0.588
HHI_t	25 881	0.084	0.093	0.011	0.056	0.785

注：变量定义详见表5-3。

通过查看表5-4的数据不难发现，由于被解释变量Disclose和CSRhx是$t+1$期的值，因此观测值为22 329，相较于其他变量观测值数量要少，主要缺了一年的数据，因此最后回归分析时模型中的数据只包含22 329条"公司—年度"面板数据。

如表5-4所示，首先，解释变量指数基金持股比例（INDEX）的平均值为0.541%，最小值为0，最大值约为8.442%。被解释变量公司披露社会责任报告情况（Disclose）的平均值为0.287，意味着样本内平均只有28.7%的公司选择披露单独的社会责任报告。而被解释变量公司和讯社会责任评分（CSRhx）的平均值为24.806，中位数约为22.49，最大值约为79.17，意味着样本内的上市公司社会责任水平总体欠佳，有待提升。

其次，在控制变量，公司基本特征方面：公司规模均值为22.149，中位数为 21.95，最小值为 19.781，最大值为 26.477；公司的总资产回报率（ROA）的平均值为 0.045；公司的财务杠杆水平（Lever）的平均值为 40.4%，中位数为 39.7%，最小值为 2.6%，最大值为 87%；公司的账面市值比（BM）的平均值为 0.623。

公司治理结构特征方面：公司的管理层规模（ManaSize）平均值为 1.801；公司董事会规模（BoardSize）平均值为 2.13，中位数为 2.197，最小值为 1.609，最大值为 2.708；公司独立董事占比（IndRate）的平均值为 37.5%；公司的经理兼任情况（Duality）平均值为 0.286，意味着样本内 28.6% 的公司的 CEO 同时兼任公司的董事长；公司的管理层持股（ManaShr）的平均值为 15.356%，中位数为 1.112%，最小值为 0，最大值为 71.051%；公司的股权集中度（H10）的平均值为 0.167。

最后，HHI 平均值为 0.084，中位数 0.056，最小值为 0.011，最大值为 0.785。

上述描述统计的结果与现有研究保持一致。

（三）上市公司社会责任水平的分行业统计

本节除了对样本内关键变量进行了描述统计，掌握了其基本情况外，同样也很好奇上市公司的社会责任水平在不同行业间是否存在区别。表5-5 和表5-6 汇报了上市公司社会责任的内在评价和外在评价在不同行业之间的分布情况。

表5-5　分行业统计的社会责任内在评价情况

行业（行业代码）	观测值数	平均值	标准差	最小值	中位数	最大值
农、林、牧、渔业（A）	285	0.288	0.453	0	0	1
采矿业（B）	485	0.551	0.498	0	1	1
制造业（C）	14 475	0.248	0.432	0	0	1
电、热力、燃气及水生产和供应业（D）	694	0.509	0.5	0	1	1
建筑业（E）	625	0.368	0.483	0	0	1
批发和零售业（F）	1 210	0.281	0.450	0	0	1
交通运输、仓储和邮政业（G）	760	0.517	0.500	0	1	1

表5-5(续)

行业（行业代码）	观测值数	平均值	标准差	最小值	中位数	最大值
住宿和餐饮业（H）	67	0.239	0.430	0	0	1
信息传输、软件和信息技术服务业（I）	1 514	0.225	0.417	0	0	1
房地产业（K）	945	0.428	0.495	0	0	1
租赁和商务服务业（L）	259	0.239	0.428	0	0	1
科学研究和技术服务业（M）	227	0.159	0.366	0	0	1
水利、环境和公共设施管理业（N）	253	0.257	0.438	0	0	1
居民服务、修理和其他服务业（O）	16	0.125	0.342	0	0	1
教育（P）	17	0.176	0.393	0	0	1
卫生和社会工作（Q）	46	0.609	0.493	0	1	1
文化、体育和娱乐业（R）	257	0.397	0.490	0	0	1
综合（S）	194	0.402	0.492	0	0	1

注：上市公司行业大类代码参考证监会 2012 版。

如表5-5 中所示，不同行业的社会责任披露情况（Disclose）并不相同。前文已经提到，总体上看，样本内有 28.7% 的公司选择应规或自愿披露社会责任报告，其中制造业（C），批发和零售业（F），住宿和餐饮业（H），信息业（I），租赁和商务服务业（L），科学研究和技术服务业（M），水利、环境和公共设施管理业（N），居民服务、修理和其他服务业（O）以及教育业（P）内的公司社会责任报告披露情况尚且不能达到这一平均水平。而采矿业（B），电、热力、燃气及水生产和供应业（D），交通运输、仓储和邮政业（G）以及卫生和社会工作行业（Q）内披露独立社会责任报告的上市公司较多，均超过了 50%，最高的披露比例达到了60.9%。而上市公司社会责任的外在评价也有类似的情况，具体数据汇报在表格 5-6 中。

表 5-6　分行业统计的社会责任外在评价情况

行业（行业代码）	观测值数	平均值	标准差	最小值	中位数	最大值
农、林、牧、渔业（A）	285	19.555	15.836	-2.130	17.360	73.840
采矿业（B）	485	27.672	20.366	-3.280	21.410	79.170
制造业（C）	14 475	23.619	14.429	-3.520	21.430	79.170
电、热力、燃气及水生产和供应业（D）	694	30.343	17.174	-3.520	26.090	79.170
建筑业（E）	625	25.252	16.195	-1.030	21.140	77.920
批发和零售业（F）	1 210	26.659	14.479	-3.520	24.590	79.170
交通运输、仓储和邮政业（G）	760	29.408	17.77	-3.520	23.880	78.440
住宿和餐饮业（H）	67	25.181	15.525	-1.930	24.310	73.200
信息传输、软件和信息技术服务业（I）	1 514	23.951	13.022	-3.520	23.980	77.110
房地产业（K）	945	34.257	16.399	-3.520	32.540	79.170
租赁和商务服务业（L）	259	24.195	13.581	-2.680	23.500	74.900
科学研究和技术服务业（M）	227	22.128	8.515	-2.060	23.060	66.290
水利、环境和公共设施管理业（N）	253	25.259	14.430	-2.500	23.590	75.290
居民服务、修理和其他服务业（O）	16	27.758	15.743	17.340	22.495	69.530
教育（P）	17	15.535	9.890	-2.350	18.900	26.990
卫生和社会工作（Q）	46	30.410	17.943	-3.360	26.080	75.840
文化、体育和娱乐业（R）	257	23.507	15.230	-3.520	23.160	73.840
综合（S）	194	27.964	17.942	-1.930	23.080	75.140

注：上市公司行业大类代码参考证监会 2012 版。

如表 5-6 中所示，在社会责任外部评价上，各个行业的总体情况都并不乐观，平均分基本落在 15～30 之间，而和讯网的评价体系满分为 100分，可以理解为平均而言上市公司的社会责任水平均处于不及格的状态。

其中教育行业（P）的平均得分最低，仅为 15.535，而房地产行业（K）的社会责任平均得分最高，达到了 34.257。而若是以中位数水平作为判断标准，农、林、牧、渔业（A）上市公司的社会责任得分中位数最低，为 17.360，而房地产业（K）的 CSR 得分中位数最高，达到 32.54，电、热力、燃气及水生产和供应业（D）的和讯网社会责任得分中位数次之，达到了 26.09，卫生和社会工作行业（Q）内企业社会责任评分也较高，中位数达到了 26.08。

二、主要回归结果与分析

上一小节对样本内公司的基本情况进行了描述统计，本小节将会分析主要回归结果：第一个部分探讨主要的回归结果，第二部分则将 CSRhx 的各个构成项作为被解释变量，进一步分析指数基金持股比例能够对社会责任组成部分中的哪些部分产生作用效果。

（一）主要回归结果

在研究指数基金的社会责任作用时，本小节考虑到内在和外在评价两个视角。

从内在评价的视角出发，多元回归模型（5-1）的 logit 回归结果汇报在表 5-7 列（1）和列（2）中。

从外在评价的视角出发，结果汇报在表 5-7 中列（3）和列（4）。为保证回归结果的稳健性，在表 5-7 的第（5）列中，本小节同样控制了公司的固定效应。除了列（5）外，表 5-7 中的其余列分别控制公司的行业、年度固定效应。

表 5-7　主要回归结果

	(1) $Disclose_{t+1}$	(2) $Disclose_{t+1}$	(3) $CSRhx_{t+1}$	(4) $CSRhx_{t+1}$	(5) $CSRhx_{t+1}$
$INDEX_t$	0.781***	0.204***	3.343***	1.447***	0.913***
	(14.33)	(5.91)	(15.00)	(7.89)	(4.94)
$OtherIns_t$		0.004 36**		0.007 26	−0.011 6
		(2.36)		(1.00)	(−1.45)
$Size_t$		1.033***		3.131***	2.438***
		(15.97)		(15.70)	(5.78)
ROA_t		1.423*		82.11***	31.37***
		(1.74)		(27.49)	(10.13)

表5-7(续)

	(1) Disclose$_{t+1}$	(2) Disclose$_{t+1}$	(3) CSRhx$_{t+1}$	(4) CSRhx$_{t+1}$	(5) CSRhx$_{t+1}$
Lever$_t$		−0.842***		−3.899***	−1.036
		(−3.02)		(−4.23)	(−0.77)
BM$_t$		−1.157***		−4.242***	−8.953***
		(−4.64)		(−5.01)	(−8.48)
ManaSize$_t$		0.386***		1.224***	−0.171
		(3.29)		(3.00)	(−0.33)
BoardSize$_t$		0.305		1.181	0.101
		(1.16)		(1.29)	(0.07)
IndRate$_t$		0.989		2.360	3.513
		(1.17)		(0.76)	(0.84)
Duality$_t$		−0.105		−0.365	−0.582*
		(−1.16)		(−1.32)	(−1.65)
ManaShr$_t$		−0.010 2***		0.013 8*	−0.032 7**
		(−3.83)		(1.87)	(−2.10)
H10$_t$		−0.436		5.702***	5.466*
		(−1.15)		(4.13)	(1.82)
HHI$_t$		−0.679		−2.538	1.353
		(−1.51)		(−1.57)	(0.64)
Constant	−1.101***	−23.86***	23.00***	−51.61***	−26.27***
	(−2.96)	(−16.14)	(121.60)	(−11.84)	(−2.76)
Year_ FE	是	是	是	是	是
Ind_ FE	是	是	是	是	否
Firm_ FE	否	否	否	否	是
Obs	22 329	22 329	22 329	22 329	22 329
(Pseudo) R2	0.115	0.252	0.184	0.298	0.548

注：括号内为t（或z）值，*、**、***代表在10%、5%、1%水平显著。变量定义请见表5-3。

从内部评价视角出发，指数基金持股比例（INDEX）对于上市公司是否披露 CSR 报告具有显著为正的影响。表 5-7 中第（1）列并未添加控制变量，此时指数基金持股比例（INDEX）的回归系数为 0.781，z 统计量为 14.33，在 1%的水平上显著。在添加控制变量之后，指数基金持股比例（INDEX）的回归系数为 0.204，z 统计量为 5.91，同样在 1%的水平上显著，说明对于样本内的上市公司来说，指数基金持股比例更高的公司，对自身的社会责任情况更加自信，更有动机去披露独立的社会责任报告，同时，也有着更高的披露概率。

从外部评价视角出发，指数基金持股比例对于上市公司社会责任的外界认可程度也具有显著为正的作用。表 5-7 中第（3）列并未添加控制变量，此时指数基金持股比例（INDEX）的回归系数为 3.34，t 统计量为 15，在 1% 的水平上显著。在添加控制变量之后，指数基金持股比例（IN-DEX）的回归系数为 1.447，t 统计量为 7.89，在 1% 的水平上显著：指数基金持股比例（INDEX）每提升 1 个单位，上市公司社会责任评分也会提升 1.447 个单位。也就是说，对于样本内的上市公司来说，指数基金持股比例更高的公司，往往具有更高的和讯社会责任评分，意味着外界更加认可其社会责任水平。此外，使用个体固定效应对模型（5-2）进行估计，也可以得到相同的结论，结论汇报在第（5）列中。

控制变量中，管理层规模 ManaSize 的回归系数显著为正，说明管理层规模越大，公司社会责任水平越高，可能是由于管理层规模越大、人数越多，越难达成一致的自利决策，人数众多的管理者之间存在相互制约与监督的作用，反而可以缓解决策的短视性，提升公司的整体社会责任水平。而公司规模、总资产回报率、杠杆率等控制变量也对公司社会责任水平具有显著的影响，这与我们选择控制变量的意图相符，结论符合经济学直觉，可以给出相应的经济学意义。

综上所述，指数基金能提升企业社会责任的内外评价，假设 1 得证。

（二）各个构成项回归结果

和讯网所给出的整体评分是对五个方面评价的加权总和，包括股东责任（占 30%，记为 HxShr）、员工责任（占 15%，记为 HxEmp）、环境责任（占 20%，记为 HxEnv）、供应商、客户和消费者权益责任（占 15%，记为 HxSup）、社会责任（占 20%，记为 HxSoc）。为了弄清楚指数基金对上市公司社会责任的提升具体作用于哪些方面，本书用构成 CSRhx 的五个子项分别作为被解释变量进行模型（5-2）所示的回归，结果在表 5-8 中。

表 5-8 指数基金对 CSRhx 构成项的影响

	（1） $HxShr_{t+1}$	（2） $HxEmp_{t+1}$	（3） $HxSup_{t+1}$	（4） $HxEnv_{t+1}$	（5） $HxSoc_{t+1}$
$INDEX_t$	0.034 5	0.313 ***	0.507 ***	0.484 ***	0.118 **
	(0.75)	(7.52)	(8.22)	(7.14)	(2.49)

表5-8(续)

	(1) $HxShr_{t+1}$	(2) $HxEmp_{t+1}$	(3) $HxSup_{t+1}$	(4) $HxEnv_{t+1}$	(5) $HxSoc_{t+1}$
$OtherIns_t$	0.010 5 ***	−0.001 85	−0.002 19	−0.004 80 *	0.006 03 ***
	(4.51)	(−1.14)	(−0.97)	(−1.95)	(2.86)
$Size_t$	0.849 ***	0.650 ***	0.673 ***	0.769 ***	0.225 ***
	(11.78)	(13.85)	(11.17)	(11.49)	(3.54)
ROA_t	66.72 ***	2.449 ***	3.683 ***	1.883 **	8.331 ***
	(47.66)	(4.08)	(4.30)	(2.19)	(8.57)
$Lever_t$	−4.335 ***	−0.051 0	0.099 4	0.280	0.031 4
	(−13.66)	(−0.25)	(0.36)	(0.95)	(0.10)
BM_t	0.338	−1.392 ***	−1.495 ***	−1.342 ***	−0.345
	(1.14)	(−7.38)	(−5.88)	(−4.70)	(−1.30)
$ManaSize_t$	0.278 **	0.219 **	0.261 **	0.292 **	0.233 *
	(2.02)	(2.45)	(2.03)	(2.15)	(1.79)
$BoardSize_t$	0.662 **	0.130	0.351	0.302	−0.268
	(2.25)	(0.59)	(1.25)	(0.96)	(−0.91)
$IndRate_t$	−1.169	0.711	0.995	0.603	1.174
	(−1.18)	(1.03)	(1.04)	(0.60)	(1.12)
$Duality_t$	0.114	−0.116 *	−0.152 *	−0.189 **	−0.039 2
	(1.17)	(−1.85)	(−1.82)	(−2.04)	(−0.43)
$ManaShr_t$	0.022 1 ***	−0.001 74	−0.001 31	−0.000 569	−0.004 32 *
	(8.89)	(−1.06)	(−0.58)	(−0.23)	(−1.84)
$H10_t$	3.776 ***	0.283	0.242	0.737	0.671
	(8.52)	(0.94)	(0.56)	(1.65)	(1.64)
HHI_t	−1.659 ***	−1.055 ***	−0.008 58	−0.185	0.368
	(−3.30)	(−2.75)	(−0.02)	(−0.34)	(0.68)
Constant	−8.547 ***	−11.99 ***	−14.53 ***	−16.47 ***	−0.980
	(−5.59)	(−11.73)	(−11.09)	(−10.95)	(−0.69)
Year_ FE	Yes	Yes	Yes	Yes	Yes
Ind_ FE	Yes	Yes	Yes	Yes	Yes
Obs	22 329	22 329	22 329	22 329	22 329
R2	0.392	0.227	0.208	0.208	0.214

注：括号内为 t 值，*、**、*** 代表在10%、5%、1%水平显著。变量定义请见表5-3。

表格 5-8 中的第（1）至第（5）列分别对应股东责任，员工责任，供应商、客户和消费者责任，环境责任以及社会责任，均采用 $t+1$ 期的值进行回归。其中，第（1）列针对股东责任，HxShr 的评价范围主要涵盖公司的盈利情况、偿债情况、回报情况和信息披露情况等内容，而指数基金持股比例（INDEX）的回归系数在 10% 水平上并不显著，说明指数基金在促进公司提升对于股东的责任方面并不具有统计学意义上的显著影响。同时，其他机构投资者（OtherIns）的回归系数为 0.010 5，t 统计量为 4.51，在 1% 水平上显著，这说明在提升公司的股东责任方面，其他机构投资者相较于指数基金具有更重要的作用。

第（2）列针对员工责任，HxEmp 评价范围涵盖员工工资绩效、安全保障及关爱慰问等，而指数基金持股比例（INDEX）的回归系数为 0.313，t 统计量为 7.52，在 1% 水平上显著，指数基金持股比例（INDEX）每提升 1 个单位，公司的员工责任得分将会提升 0.313 个单位，说明指数基金能够通过提升员工福利来提升公司的社会责任水平。

第（3）列针对供应商、客户和消费者责任，HxSup 的评价范围主要包括产品质量把控、客户满意度以及诚信互惠程度等内容，而指数基金持股比例（INDEX）的回归系数为 0.507，t 统计量为 8.22，说明指数基金持股比例每提升 1 个单位，公司针对供应商等群体的社会责任评分将会显著提升 0.507 个单位，意味着指数基金能够通过提升供应商、客户和消费者责任水平来提升公司的社会责任水平。

第（4）列针对环境责任，HxEnv 的评价范围主要针对其环境治理的内容，包括环保意识、环保投入、排污种类等方面，而指数基金持股比例（INDEX）的回归系数为 0.484，t 统计量为 7.14，在 1% 水平上显著，代表公司内指数基金持股比例（INDEX）每提升 1 个单位，公司承担环境责任的评分可以显著提升 0.484 个单位，说明指数基金能够通过提升环境责任水平来提升公司的整体社会责任水平。

第（5）列针对社会责任，HxSoc 的评价范围主要针对其社会贡献的内容，包括所得税方面以及公益捐赠方面，而指数基金持股比例（INDEX）的回归系数为 0.118，t 统计量为 2.49，在 5% 水平上显著，说明指数基金也能够通过提升社会贡献来提升公司的整体 CSR 水平。

有趣的是，控制变量所在行业的赫芬达尔指数（HHI）在第（1）、（2）列显著为负，在其他列则并不显著。其系数显著为负，说明行业竞争越弱，HHI 的数值越大，而公司在股东责任和员工责任方面会承担越少，可以理解为在越垄断的行业内，股东和员工福利会越差。其余控制变量的回归结果也基本符合逻辑。

第六节　内生性处理

在上一节中，本书对研究样本内的公司利用 logit 模型和年度行业固定效应模型进行了基础的多元回归分析，发现了指数基金对上市公司社会责任的内外在评价两方面均具有显著的正面作用，可以督促公司披露独立 CSR 报告，提升外界对于公司的评分，有利于上市公司的高质量发展。

本小节则重点处理潜在内生性问题。本书所选模型可以规避公司所在行业层面不随时间变化的未观测因素造成的内生性。而使用 $t+1$ 期被解释变量，也可部分缓解双向因果问题。尽管进行了这样的处理，但依然存在一些潜在的担忧，遗漏变量问题可能不能完全被解决。为了进一步得到更清晰的结果，本小节分别使用倾向得分匹配、增量模型和工具变量法。

一、倾向得分匹配

样本中可能存在一些未观测因素使指数基金持股公司内生地拥有更高 CSR 水平。为此，本书基于沪深 300 指数重构进行倾向得分匹配。

具体而言，沪深 300 指数每年 6 月和 12 月将会进行重构调整，届时将会剔除一部分不满足条件的公司，新调入一部分满足条件的上市公司。而沪深 300 指数的选择主要依赖于公司的流动性和规模，对于那些处于临界点附近的公司，本书认为它们可能在各方面具有较为相似的情况。因此，本书将样本内每一年新调入指数的公司（add 组）和新被指数剔除的公司（drop 组）筛选出来，利用倾向得分匹配的方式为这些加入指数的公司（或调出指数的公司）匹配一家没有加入（或调出）指数的公司，以期获得各方面情况较为类似的公司组合。

由于本书使用年度数据，故而本节也使用每年 6 月指数的重构情况作为衡量公司加入、剔除的指数参照点，即一家公司前一年 6 月不在指数中而当年 6 月被纳入指数，则认为该公司是新加入指数的公司（add 组），同理，一家公司前一年 6 月在指数中而当年 6 月被剔除，则认为该公司是被指数剔除的公司（drop 组）。接下来本节将对调入组和调出组两组分别进行倾向得分匹配。

（一）调入沪深 300 指数的公司

由于市场内绝大部分指数基金都跟踪了沪深 300 指数，对于当年 6 月新加入沪深 300 指数的公司而言，加入指数后他们的指数基金持股比例将会外生地大幅上升，如果可以为其匹配一个各方面情况相似却没有加入沪深 300 指数的公司，则可以识别出指数基金外生增加可以带来多少社会责任的改变。于是，本小节使用去年不在沪深 300 指数内但今年新加入指数的公司作为匹配的处理组（add 组，treat = 1），而去年和今年都不在沪深 300 指数内的公司则成为匹配的控制组（control = 1）。处理组和控制组的公司基本情况如表 5-9 的 Panel A 中所示。

表 5-9　add 组的平衡性检验

Panel A 匹配前					
	控制组	平均值—控制组	处理组	平均值—处理组	均值差
INDEX	22 940	0. 384	378	1. 545	−1. 161***
OtherIns	22 940	34. 190	378	49. 630	−15. 440***
ManaShr	22 940	16. 770	378	9. 272	7. 497***
H10	22 940	0. 160	378	0. 238	−0. 078***
Size	22 940	21. 890	378	23. 610	−1. 717***
ROA	22 940	0. 044 0	378	0. 073	−0. 029***
Lever	22 940	0. 391	378	0. 461	−0. 071***
BM	22 940	0. 614	378	0. 598	0. 016
ManaSize	22 940	1. 778	378	1. 922	−0. 144***
BoardSize	22 940	2. 118	378	2. 207	−0. 089***
IndRate	22 940	0. 374	378	0. 374	0
Duality	22 940	0. 302	378	0. 230	0. 071***
HHI	22 940	0. 081	378	0. 105	−0. 024***

表 5-9（续）

	控制组	平均值 —控制组	处理组	平均值 —处理组	均值差
			Panel B 匹配后		
INDEX	373	1. 019	373	1. 545	−0. 525 ***
OtherIns	373	49. 030	373	49. 780	−0. 753
ManaShr	373	10. 310	373	9. 328	0. 980
H10	373	0. 255	373	0. 238	0. 017
Size	373	23. 570	373	23. 59	−0. 017
ROA	373	0. 076 0	373	0. 073	0. 003
Lever	373	0. 451	373	0. 461	−0. 010
BM	373	0. 606	373	0. 598	0. 008
ManaSize	373	1. 920	373	1. 917	0. 003
BoardSize	373	2. 187	373	2. 204	−0. 018
IndRate	373	0. 375	373	0. 374	0. 001
Duality	373	0. 247	373	0. 228	0. 019
HHI	373	0. 101	373	0. 103	−0. 003

注: *** 代表在 1% 水平显著。

随后，本小节依据最近邻匹配原则，设定匹配卡尺 0.01，为每一个处理组公司（add 组，新加入指数，treat = 1）匹配一个各方面情况类似的控制组公司（未加入指数，control = 1）。匹配后的样本基本情况如表 5-9 的 Panel B 中所示。对比 Panel A 和 Panel B 中变量之间的差距，可以发现各个协变量之间的差距几乎都缩小了，并且全部变得不显著，可以认为匹配有效。匹配后新生成的样本内，每一个加入指数的公司都具有一个未加入指数的公司与之组成一对，两个公司除了是否加入沪深 300 指数之外没有显著差异，也就是两个公司除了指数基金持股比例的外生的不同之外没有显著差异。于是本小节使用匹配后样本进行回归，结论汇报在表 5-10 中。

表 5-10 *add* 组匹配后样本的回归结果

	(1) Disclose$_{t+1}$	(2) CSRhx$_{t+1}$
INDEX$_t$	0.271**	1.265**
	(2.49)	(2.00)
控制变量	是	是
Year_ FE	是	是
Ind_ FE	是	是
Obs	623	628
(Pseudo) R2	0.217	0.462

注：括号内为 t（或 z）值，代表在 5% 水平显著。

表 5-10 中第（1）列使用 logit 模型进行估计，被解释变量为上市公司社会责任水平的内部评价，即公司是否披露独立的社会责任报告（Disclose），结果显示公司内指数基金持股（INDEX）的回归系数为 0.271，z 统计量为 2.49，在 5% 水平上显著为正。而第（2）列被解释变量为上市公司社会责任水平的外部评价，即公司的和讯网社会责任评分（CSRhx），指数基金持股系数为 1.265，在 5% 水平上显著为正。

因此，为每一个新加入沪深 300 指数的公司匹配一个各方面情况类似、但未被指数选入内的公司后，指数基金持股比例外生地上升可以显著提升 CSR 水平。无论是社会责任的内部评价还是外部评价，都可以受到指数基金持股的正向作用。

（二）调出沪深 300 指数的公司

对于当年 6 月刚被踢出沪深 300 指数的公司而言，他们的指数基金持股比例将会外生地大幅下降，如果可以为其匹配一个各方面情况相似却没有被沪深 300 指数剔除的公司，则可以识别出指数基金外生减少能够带来多少社会责任的改变。于是，本小节使用去年在沪深 300 指数内但今年被剔除指数的公司作为匹配的处理组（drop 组，treat = 1），而去年和今年都在沪深 300 指数内的公司则成为了匹配的控制组（control = 1）。处理组和控制组的公司基本情况如表 5-11 的 Panel A 中所示。

表 5-11 *drop* 组的平衡性检验

Panel A 匹配前					
	控制组	平均值 —控制组	处理组	平均值 —处理组	均值差
INDEX	2 181	1.943	382	0.990	0.952 ***
OtherIns	2 181	55.880	382	53.610	2.272 *
ManaShr	2 181	3.523	382	4.072	−0.549
H10	2 181	0.217	382	0.224	−0.007
Size	2 181	24.340	382	23.650	0.683 ***
ROA	2 181	0.056 0	382	0.030	0.026 ***
Lever	2 181	0.512	382	0.513	−0.001
BM	2 181	0.698	382	0.758	−0.060 ***
ManaSize	2 181	2.005	382	1.872	0.133 ***
BoardSize	2 181	2.233	382	2.232	0.002
IndRate	2 181	0.385	382	0.373	0.012 ***
Duality	2 181	0.158	382	0.118	0.040 **
HHI	2 181	0.117	382	0.101	0.016 **
Panel B 匹配后					
	控制组	平均值 —控制组	处理组	平均值 —处理组	均值差
INDEX	375	1.920	375	0.980	0.939 ***
OtherIns	375	52.080	375	53.750	−1.669
ManaShr	375	3.410	375	3.984	−0.573
H10	375	0.209	375	0.224	−0.015
Size	375	23.590	375	23.67	−0.083
ROA	375	0.034	375	0.033	0.002
Lever	375	0.526	375	0.515	0.011
BM	375	0.748	375	0.760	−0.012
ManaSize	375	1.884	375	1.873	0.010
BoardSize	375	2.236	375	2.234	0.002
IndRate	375	0.375	375	0.373	0.002
Duality	375	0.144	375	0.117	0.027
HHI	375	0.102	375	0.100	0.002

注: *、**、*** 代表在 10%、5%、1% 水平显著。Panel A 汇报了匹配前处理组（刚被指数剔除的公司，drop 组）和控制组（一直未被指数剔除的公司）间各方面情况的差距；Panel B 汇报了匹配后处理组和控制组间各方面情况的差距。

随后，本小节依据最近邻匹配原则，设定匹配卡尺 0.01，为每一个处理组公司（drop 组，新剔除指数，treat＝1）匹配一个各方面情况类似的控制组公司（未剔除指数，control=1）。匹配后的样本基本情况如表5-11的Panel B 中所示。对比 Panel A 和 Panel B 中变量之间的差距，可以发现各个协变量之间的差距几乎都缩小了，并且全部变得不显著，可以认为匹配有效。匹配后新生成的样本内，每一个被剔除指数的公司都具有一个未剔除指数的公司与之组成一对，两个公司除了是否加入沪深 300 指数之外没有显著差异，也就是两个公司除了指数基金持股比例的外生的不同之外没有显著差异。于是本小节使用倾向得分匹配出的样本进行模型（5-1）与模型（5-2）的回归，结论汇报在表5-12 中。

表5-12　drop 组匹配后样本的回归结果

	(1) $Disclose_{t+1}$	(2) $CSRhx_{t+1}$
$INDEX_t$	0.371*	2.046**
	(1.77)	(2.30)
控制变量	是	是
Year_ FE	是	是
Ind_ FE	是	是
Obs	701	706
(Pseudo) R2	0.167	0.473

注：括号内为 t（或 z）值，*、**、代表在 10%、5%水平显著。

表5-12 中第（1）列使用 logit 模型进行估计，被解释变量为上市公司社会责任水平的内部评价，即公司是否披露独立的社会责任报告（Disclose），结果显示公司内指数基金持股比例（INDEX）的回归系数为0.371，在10%水平上显著为正。而第（2）列被解释变量为上市公司社会责任水平的外部评价，即公司的和讯网社会责任评分（CSRhx），回归结果显示指数基金持股比例的系数为2.046，在5%水平上显著为正。

因此，在为每一个被沪深 300 指数剔除的公司匹配一个各方面情况类似、但依然在指数内的公司后，指数基金持股比例外生地上升可以显著提升企业 CSR 水平。无论是社会责任的内部评价还是外部评价，都可以受到指数基金持股的正向影响。

二、增量模型

为了进一步地处理潜在的内生性问题，受法西奥（Faccio）等人2016年的研究以及金（Kim）等人2019年研究的启发，与第四章一样，本章也使用增量模型（Change Regression）进行回归分析。

使用增量模型的原理与倾向匹配得分的原理类似：使用增量模型后，我们可以清楚地看到在其他因素不变的情况下，指数基金持股比例的净增加是否会影响公司社会责任评分水平的净增加。这样的处理方式类似于为每家指数基金持有的公司匹配一家各方面条件相似且未被指数基金持有的公司。持股数的净增加相当于将样本中每家公司与自身的上一年度情况匹配，以排除公司指数基金持股比例较高是因为本身社会责任水平更好的内生可能性，有助于直接观察指数基金持股的净增加能否带来公司社会责任承担的净增强。

具体而言，本节中构造了解释变量和被解释变量的一阶差分：$\Delta INDEX_{i,t} = INDEX_{i,t} - INDEX_{i,t-1}$，$\Delta OtherIns_{i,t} = OtherIns_{i,t} - OtherIns_{i,t-1}$，$\Delta CSRhx_{i,t+1} = CSRhx_{i,t+1} - CSRhx_{i,t}$，$\Delta Rank_{i,t+1} = HxRank_{i,t+1} - HxRank_{i,t}$，$\Delta CSRr_{i,t+1} = CSRr_{i,t+1} - CSRr_{i,t}$，然后进行同样的回归分析，这样能够帮助我们关注指数基金持股每年的变化值对于每一年内企业社会责任变化值的影响，回归结果如表5-13中Panel A中所示。

表5-13　增量模型处理内生性

	Panel A　和讯社会责任评分		
	（1）	（2）	（3）
	$\Delta CSRhx_{t+1}$	$\Delta Rank_{t+1}$	$\Delta CSRr_{t+1}$
$\Delta INDEX_t$	0.442**	−21.831*	0.018**
	(2.24)	(−1.83)	(2.13)
控制变量	是	是	是
Year_ FE	是	是	是
Ind_ FE	是	是	是
Obs	19 164	19 164	19 164
R2	0.112	0.030	0.101

表5-13(续)

	(1)	(2)	(3)	(4)	(5)
	$\Delta \text{HxShr}_{t+1}$	$\Delta \text{HxEmp}_{t+1}$	$\Delta \text{HxSup}_{t+1}$	$\Delta \text{HxEnv}_{t+1}$	$\Delta \text{HxSoc}_{t+1}$
ΔINDEX_t	0.054	0.076*	0.129**	0.158**	0.019
	(1.09)	(1.86)	(2.01)	(2.16)	(0.41)
控制变量	是	是	是	是	是
Year_ FE	是	是	是	是	是
Ind_ FE	是	是	是	是	是
Obs	19 164	19 164	19 164	19 164	19 164
R2	0.090	0.107	0.117	0.105	0.016

注：括号内为 t 值，*、** 代表在 10%、5% 水平显著。表格中的变量均使用如下公式得到：$\Delta X_{i,t} = X_{i,t} - X_{i,t-1}$，控制变量与主回归中保持一致，变量的定义详见表 5-3。

表 5-13 中 Panel A 关注外界评级，第（1）列的被解释变量为本章主回归中的重要变量——和讯网社会责任评分的净增量（ΔCSRhx），其中指数基金持股比例净增量（ΔINDEX）的回归系数为 0.442，t 统计量为 2.24，在 5% 水平上显著为正。指数基金持股比例净增加可以带来显著的社会责任得分净增加。第（2）列的被解释变量是和讯网社会责任得分排名的净增量（ΔRank），其中指数基金持股比例净增量（ΔINDEX）的回归系数为-21.831，t 统计量为-1.83，在 10% 水平上显著，指数基金比例净增加可以带来显著为负的排名净增加，也就是说排名可以变得更加靠前。第（3）列的被解释变量是和讯网社会责任评级的净增加（ΔCSRr），其中指数基金持股比例净增量（ΔINDEX）的回归系数为 0.018，t 统计量为 2.13，在 5% 水平上显著为正，指数基金持股比例净增加可以带来显著为正的社会责任评级的净增加。

Panel B 中则汇报和讯网社会责任得分（CSRhx）的五个构成项的基本情况，通过观察指数基金持股比例净增量（ΔINDEX）的回归系数可以发现，指数基金持股比例的净增加可以带来企业在员工、供应商、客户和消费者权益及环境责任三方面得分的净增加。

综上所述，在使用增量模型对可能的内生性进行处理之后，指数基金依然可以为上市公司社会责任带来正面的影响，与主回归结果保持一致。

三、工具变量法

工具变量在选择上应该具有两个方面的特征，即相关性和外生性。相关性表示工具变量和解释变量高度相关，外生性表示工具变量对于被解释变量是外生的，只能通过自变量对因变量产生影响。本书选择行业内公司的平均指数基金持股水平（除本公司外），INDEXind，作为工具变量，行业内的指数基金持股水平（IV）和公司的指数基金持股水平（X）具有高度的相关性；而行业内的指数基金持股水平（IV）按理来说对于公司的社会责任水平（Y）不会有其他的影响途径，因此选择行业内公司平均指数基金持股水平 INDEXind 作为工具变量具有一定的合理性。使用 INDEXind 作为工具变量进行两阶段最小二乘回归的分析结果如表 5-14 所示。

表 5-14　工具变量与两阶段最小二乘回归

	(1) $INDEX_t$	(2) $CSRhx_{t+1}$	(3) $CSRr_{t+1}$
$INDEXind_t$	0.349***		
	(4.97)		
$\widehat{INDEX}_t$		6.192*	0.309**
		(1.88)	(2.12)
控制变量	是	是	是
Year_ FE	是	是	是
Ind_ FE	是	是	是
Obs	22 329	22 329	22 329
Kleibergen_ Paap_ LM		21.589 3	21.589 3
Kleibergen_ Paap_ F		24.736 5	24.736 5

注：括号内为 t 值，*、**、*** 代表在10%、5%、1%水平显著。控制变量与主回归中一致，详细定义见表5-3。

表 5-14 第（1）列是第一阶段的回归结果，第（2）、（3）两列是第二阶段的回归结果。具体而言，第（1）列汇报的工具变量（INDEXind）的回归系数为 0.349，t 统计量为 4.97，在 1% 水平上显著。随后使用第一阶段回归结果，得到指数基金持股比例（解释变量 INDEX）的估计值——$\widehat{INDEX}$，并用于第（2）、（3）两列中的第二阶段回归。第（2）列中，$\widehat{INDEX}$ 的估计系数为 6.192，t 统计量为 1.88，在 10% 水平上显著为正，意

味着使用工具变量捕捉到的指数基金外生增加也可以带来上市公司社会责任评分（CSRhx）的显著上升。同理，第（3）列中，INDEX的估计系数为0.309，t统计量为2.12，在5%水平上显著为正，意味着使用工具变量捕捉到的指数基金外生增加也可以带来上市公司社会责任评级（CSRr）的显著上升。

结果说明在控制潜在内生性后，主回归结论不变，指数基金持股依然可以提升CSR，有利于上市公司高质量发展。

第七节　稳健性检验

在第六节中，研究已经对可能存在的内生性问题进行分析并使用多种方式尝试进行解决，本小节将会对主回归结果进行稳健性检验。具体而言，第一将会改变衡量公司社会责任的代理变量，第二将会改变社会责任变量的时期，第三将会考虑使用不同的时间段进行分析，第四将会考虑非强制披露的子样本，第五将会排除沪深300指数的影响。

一、其他变量衡量上市公司社会责任

和讯网在提供上市公司社会责任评分的同时，也会提供每个公司的排名（HxRank）及其社会责任评价等级（CSRr）。其中社会责任排名HxRank数字越小，名次越靠前，则社会责任水平越高。社会责任评价等级包含A—E五个等级，A级社会责任水平最好，E级社会责任水平最差，使用数字进行量化后，A级对应的CSRr=5，E级对应的CSRr=1。使用HxRank和CSRr作为企业社会责任代理指标的回归结果已列示在表5-15中。

表5-15　使用其他变量衡量上市公司社会责任

	（1） $HxRank_{t+1}$	（2） $HxRank_{t+1}$	（3） $CSRr_{t+1}$	（4） $CSRr_{t+1}$
$INDEX_t$	−167.6***	−35.41***	0.119***	0.0645***
	（−10.99）	（−3.10）	（14.91）	（8.61）
$OtherIns_t$		−1.572***		−0.000218
		（−3.22）		（−0.77）

表5-15(续)

	(1) HxRank$_{t+1}$	(2) HxRank$_{t+1}$	(3) CSRr$_{t+1}$	(4) CSRr$_{t+1}$
Size$_t$		−213.8***		0.090 6***
		(−14.39)		(12.03)
ROA$_t$		−9 979.9***		1.026***
		(−39.36)		(9.63)
Lever$_t$		566.8***		−0.009 33
		(8.18)		(−0.28)
BM$_t$		167.0***		−0.174***
		(2.70)		(−5.42)
ManaSize$_t$		−66.18**		0.051 5***
		(−2.23)		(3.32)
BoardSize$_t$		−15.49		0.056 5
		(−0.24)		(1.63)
IndRate$_t$		68.63		0.123
		(0.31)		(1.07)
Duality$_t$		3.895		−0.016 3
		(0.18)		(−1.59)
ManaShr$_t$		−1.727***		0.000 055 4
		(−3.15)		(0.20)
H10$_t$		−597.2***		0.116**
		(−6.20)		(2.20)
HHI$_t$		230.6**		−0.069 6
		(1.97)		(−1.18)
Constant	1 839.0***	6 923.0***	2.082***	−0.090 3
	(112.76)	(22.05)	(348.99)	(−0.55)
Year_ FE	是	是	是	是
Ind_ FE	是	是	是	是
Obs	22 329	22 329	22 329	22 329
R2	0.144	0.374	0.184	0.218

注：括号内为 t 值，**、*** 代表在5%、1%水平显著。变量定义请见表5-3。

　　表 5-15 中，第（1）、（2）列的被解释变量是社会责任排名 HxRank，而第（3）、（4）列的被解释变量是社会责任评价等级 CSRr。

从更换被解释变量之后的回归结果来看，指数基金在公司内的持股比例（INDEX）的回归系数在第（1）、（2）两列中显著为负，指数基金所有权上升可以带来 CSR 排名的显著变小，排名数字变小则意味着排名变得更加靠前，也就是企业社会责任水平在样本内的相对位置有所提升。相应的，指数基金在公司内的持股比例（INDEX）的回归系数在第（3）、（4）两列中显著为正，说明指数基金持股比例更高的公司，也同时拥有更高的社会责任评级。

因此，在用公司的排名 HxRank 及其社会责任评价等级 CSRr 衡量上市公司社会责任水平时，可以得到与前文相同的结论。

二、使用更长时期内的社会责任变量

本书认为，指数基金持股的长期性能够给企业社会责任带来改善，那么，指数基金持股对未来更长时期内的企业社会责任水平的影响是否依然存在？为了得到这个问题的答案，本书同时使用 $t+2$、$t+3$ 期的报告披露情况及评分情况来衡量更长时期内的社会责任。回归结果如表 5-16 中所示。

表 5-16　更长时期内的社会责任变量

	（1） $Disclose_{t+2}$	（2） $Disclose_{t+3}$	（3） $CSRhx_{t+2}$	（4） $CSRhx_{t+3}$
$INDEX_t$	0.189 ***	0.181 ***	1.204 ***	1.094 ***
	（5.38）	（5.06）	（6.69）	（5.99）
$OtherIns_t$	0.004 74 **	0.004 71 **	0.022 1 ***	0.025 5 ***
	（2.50）	（2.39）	（3.00）	（3.55）
$Size_t$	1.056 ***	1.079 ***	2.690 ***	2.145 ***
	（15.54）	（15.16）	（13.31）	（10.34）
ROA_t	1.723 *	2.082 **	79.68 ***	74.00 ***
	（1.90）	（2.06）	（24.97）	（20.94）
$Lever_t$	-0.752 ***	-0.632 **	-3.511 ***	-3.037 ***
	（-2.63）	（-2.15）	（-3.78）	（-3.34）
BM_t	-1.364 ***	-1.544 ***	-3.092 ***	-1.658 *
	（-5.02）	（-5.31）	（-3.38）	（-1.76）
$ManaSize_t$	0.367 ***	0.317 **	0.899 **	0.503
	（2.99）	（2.50）	（2.13）	（1.21）

表5-16(续)

	(1) Disclose$_{t+2}$	(2) Disclose$_{t+3}$	(3) CSRhx$_{t+2}$	(4) CSRhx$_{t+3}$
BoardSize$_t$	0.328	0.275	1.056	1.071
	(1.23)	(1.01)	(1.18)	(1.21)
IndRate$_t$	1.102	0.882	1.975	1.393
	(1.29)	(1.01)	(0.65)	(0.47)
Duality$_t$	−0.105	−0.119	−0.400	−0.427
	(−1.12)	(−1.22)	(−1.40)	(−1.44)
ManaShr$_t$	−0.008 34 ***	−0.006 63 **	0.012 7 *	0.003 50
	(−3.12)	(−2.43)	(1.67)	(0.45)
H10$_t$	−0.373	−0.300	4.224 ***	3.870 ***
	(−0.96)	(−0.74)	(3.09)	(2.90)
HHI$_t$	−0.740	−0.614	−2.515	−3.240 **
	(−1.64)	(−1.38)	(−1.58)	(−2.13)
Constant	−24.28 ***	−24.44 ***	−42.38 ***	−30.88 ***
	(−15.91)	(−15.57)	(−9.83)	(−7.09)
Year_ FE	是	是	是	是
Ind_ FE	是	是	是	是
Obs	19 164	16 146	19 164	16 146
(Pseudo) R2	0.247	0.242	0.273	0.242

注：括号内为 t（或 z）值，*、**、*** 代表在 10%、5%、1% 水平显著。变量定义请见表 5-3。

表 5-16 中第（1）、（2）列分析上市公司长期内的社会责任内部评价受到指数基金影响的多少，而第（3）、（4）列分析公司长期内社会责任的外部评价受到指数基金影响的多少。

从内部评价来看，第（1）列采用 logit 模型，指数基金持股比例（INDEX）系数在 1% 水平上显著为正。指数基金所有权（INDEX）系数在第（2）列中也在 1% 水平上显著为正。这样的结果可以说明指数基金的持股在长期内也可以显著提升公司披露独立的社会责任报告的概率，提升公司对自身社会责任水平的自我认同，使公司对社会责任承担的内部评价上升。

从外部评价来看，第（3）列的被解释变量为公司 t+2 的和讯网社会责任评分（CSRhx），回归分析的结果显示指数基金持股比例（INDEX）

可以提升公司的社会责任评分（CSRhx），这种正面作用在1%水平上显著。而第（4）列的被解释变量是公司 $t+3$ 期的和讯网社会责任评分，指数基金在公司内持股比例（INDEX）的回归系数同样在1%水平上显著为正。这两列的结果都可以反映出指数基金的作用，更高的指数基金持股水平可以在长期内显著提高公司的和讯网社会责任评分（CSRhx），提升外界对于公司社会责任水平的认可程度。

综上所述，指数基金持股的长期性能够为企业社会责任带来改善，且指数基金持股对未来更长时期内的企业社会责任水平的影响依然存在。

三、不同时间段的数据

正如前文所述，和讯网提供的企业社会责任评分（CSRhx）包含五个构成项得分，然而，从2018年起，HxSup 和 HxEnv 这两个构成项一直为0，且官网也并未对其进行解释或者修正。因此，2018年及以后的和讯网社会责任得分实际上仅仅包含三个子项的加权平均。为了对前文结论的稳健性进行检验，此小节选择使用2010—2017年的和讯 CSR 评分对前文回归分析进行重复，回归结果如表5-17所示。

表5-17 2010—2017年数据的回归结果

	(1) CSRhx$_{t+1}$	(2) HxRank$_{t+1}$	(3) CSRr$_{t+1}$
INDEX$_t$	1.714***	−46.64***	0.075 8***
	(7.56)	(−4.01)	(8.01)
OtherIns$_t$	0.012 7	−1.809***	0.000 021 2
	(1.23)	(−3.36)	(0.05)
Size$_t$	5.054***	−231.3***	0.178***
	(16.10)	(−13.66)	(14.06)
ROA$_t$	96.90***	−9 966.1***	1.505***
	(19.15)	(−33.42)	(7.44)
Lever$_t$	−5.010***	457.4***	−0.097 9*
	(−3.79)	(6.02)	(−1.92)
BM$_t$	−6.856***	−1.998	−0.341***
	(−4.88)	(−0.03)	(−6.08)

表 5-17（续）

	（1） CSRhx$_{t+1}$	（2） HxRank$_{t+1}$	（3） CSRr$_{t+1}$
ManaSize$_t$	1.488**	−42.66	0.074 0***
	(2.38)	(−1.28)	(2.99)
BoardSize$_t$	1.008	−46.71	0.037 6
	(0.77)	(−0.68)	(0.72)
IndRate$_t$	2.407	−58.65	0.085 7
	(0.55)	(−0.24)	(0.50)
Duality$_t$	−0.797*	17.94	−0.033 0**
	(−1.89)	(0.75)	(−1.96)
ManaShr$_t$	0.009 35	−0.342	0.000 201
	(0.86)	(−0.56)	(0.47)
H10$_t$	1.825	−169.3*	0.030 2
	(0.93)	(−1.65)	(0.39)
HHI$_t$	−3.194	247.2**	−0.103
	(−1.53)	(2.10)	(−1.33)
Constant	−89.46***	7 245.0***	−1.779***
	(−13.53)	(20.85)	(−6.69)
Year_ FE	是	是	是
Ind_ FE	是	是	是
Obs	13 636	13 636	13 636
R2	0.296	0.367	0.223

注：括号内为 t（或 z）值，*、**、*** 代表在 10%、5%、1%水平显著。变量定义请见表 5-3。

第（1）、（2）、（3）列分别关注和讯网 CSR 评分（CSRhx），和讯网 CSR 排名（HxRank），和讯网 CSR 等级（CSRr）。INDEX 的回归系数在（1）、（3）两列中皆显著为正，认为使用 2017 年以前的样本依然可以发现主回归结论。而指数基金持股比例（INDEX）的回归系数在第（2）列中显著为负，认为较高指数基金持股比例伴随着较小社会责任排名，即更靠前的排名、更高的社会责任水平。这些结论与本章的主回归结论并不相背。

四、自愿披露与强制披露

在讨论上市公司社会责任内部评价时，直接将我国的上市公司 A 股样本作为一个整体或许存在一些龃龉暧昧。具体而言，我国证监会并不强制要求所有上市公司披露单独的社会责任报告，仅仅要求四类公司①在披露公司年度报告的同时单独披露社会责任报告。其余公司均不受强制披露社会责任报告的约束。那么本书在基于模型（5-1）进行回归分析的时候，就不免出现这样的担心：被强制要求披露社会责任报告的这四类公司，内生地拥有更高的指数基金持股水平，进而导致回归估计的偏误。为了避免强制披露对本书的结论产生干扰，本书将需要强制披露社会责任报告的上述四类公司从样本中剔除，仅留下不受约束的上市公司进行与模型（5-1）相同的回归分析，分析结果如表 5-18 中所示。

表 5-18 不受强制披露约束的公司作为样本

	(1) Disclose$_{t+1}$	(2) Disclose$_{t+1}$
INDEX$_t$	0.398 ***	0.081 0 **
	(9.55)	(2.00)
OtherIns$_t$		0.001 58
		(0.76)
Size$_t$		0.812 ***
		(11.00)
ROA$_t$		1.554 *
		(1.76)
Lever$_t$		−0.799 ***
		(−2.70)
BM$_t$		−0.935 ***
		(−3.31)
ManaSize$_t$		0.306 **
		(2.35)
BoardSize$_t$		0.194
		(0.65)

---

① 指上交所上市的"上证公司治理板块"样本公司、"境内外同时上市的公司"、"金融类公司"以及在深交所上市的纳入"深证100"指数的公司。

表5-18(续)

	(1) Disclose$_{t+1}$	(2) Disclose$_{t+1}$
IndRate$_t$		0.157
		(0.16)
Duality$_t$		−0.054 2
		(−0.55)
ManaShr$_t$		−0.004 68*
		(−1.73)
H10$_t$		−0.247
		(−0.59)
HHI$_t$		−0.468
		(−0.92)
Constant	−1.599***	−19.15***
	(−3.83)	(−11.53)
Year_ FE	Yes	Yes
Ind_ FE	Yes	Yes
Obs	18 993	18 993
Pseudo R2	0.034	0.106

注：括号内为 z 值，*、**、*** 代表在 10%、5%、1%水平显著。变量定义请见表 5-3。

表 5-18 中第（1）、（2）列基于模型（5-1），指数基金持股比例（INDEX）的回归系数为正，且至少在 5%水平上显著，认为在排除被要求强制披露企业社会责任报告的四类公司之后，指数基金持股比例更高的上市公司依然伴随着更高的概率主动披露社会责任报告，这与本书的基本结论相一致。

五、考虑沪深 300 指数影响

本章行文至此，仍存一个疑问尚未解决：企业社会责任水平的提升会不会是公司纳入指数产生的效果，而非指数基金的直接影响？国内的指数基金中数量最多的当属跟踪沪深 300 指数的基金，且沪深 300 指数在国内获得的关注在所有指数中也最高。为了避免沪深 300 指数本身的效应干扰分析，本节将公司当年 6 月是否纳入沪深 300 指数（HS300）作为样本选择标准。

具体而言，本节先将回归分析的样本限定在沪深 300 指数之外，以排除沪深 300 指数对于结果造成的影响。如果指数基金的作用全然是因为纳入沪深 300 指数，那么排除沪深 300 指数的成份股公司后，指数基金的作用效果将会变得不显著。这一限定样本的回归分析结果如表 5-19 中第（1）、（2）列所示。可以看到，将样本中的沪深 300 指数成份股排除之后，指数基金对于公司社会责任报告的披露及和讯网社会责任评分依然具有显著为正的回归系数，说明指数基金对于公司的社会责任具有直接的影响。

表 5-19　排除沪深 300 指数影响

	（1）	（2）	（3）	（4）	（5）	（6）
	$Disclose_{t+1}$	$CSRhx_{t+1}$	$Disclose_{t+1}$	$CSRhx_{t+1}$	$Disclose_{t+1}$	$CSRhx_{t+1}$
$INDEX_t$	0. 134 ***	0. 414 ***	0. 419 ***	1. 754 ***	0. 173 ***	1. 210 ***
	（3. 64）	（2. 63）	（3. 16）	（4. 68）	（4. 95）	（7. 03）
Controls	是	是	是	是	是	是
HS300	否	否	否	否	是	是
Year_ FE	是	是	是	是	是	是
Ind_ FE	是	是	是	是	是	是
Obs	20 006	20 006	2 316	2 322	22 329	22 329
Pseudo R2	0. 159	0. 229	0. 142	0. 490	0. 256	0. 302

注：括号内为 t 值（或 z 值），*** 代表在 1% 水平显著。变量定义请见表 5-3。

为获得更稳健的结果，本节还尝试将回归分析的样本限定在沪深 300 指数之内，以排除沪深 300 指数对于结果造成的影响。如果指数基金的作用全然是因为纳入沪深 300 指数，那么排除非沪深 300 指数的成份股公司后，指数基金的作用效果将会变得不显著。这一限定样本的回归分析结果如表 5-19 中第（3）、（4）列所示。可以看到，将样本限定在沪深 300 指数成份股之后，指数基金对于公司社会责任报告的披露及和讯网社会责任评分依然具有显著为正的回归系数，说明指数基金对于公司的社会责任具有直接的影响。

此外，本节在表 5-19 的第（5）、（6）列中将公司在当年是否被沪深 300 指数包含（HS300）加入回归模型，被指数纳入的因素在回归中被控制之后，指数基金持股比例的回归系数依然显著为正，也可以说明在排除指数构造的影响后，指数基金依然可以对公司的社会责任水平产生正面的影响。本书这样操作的关键不是为了证明纳入指数不会影响公司的社会责任水平，而是在于证明控制这样的潜在影响后，指数基金在公司内持股依然可以为公司的社会责任带来影响。因此，在控制是否纳入沪深 300 指数后，关注的重点也依然是指数基金持股比例的回归系数。结果显示，在控制沪深 300 指数之后，指数基金的回归系数依然显著为正。

综上所述，在使用不同的上市公司社会责任衡量方式、考虑更久之后的被解释变量、使用不同的时间段分析、考虑非强制披露的子样本、排除沪深 300 指数的影响五种方式进行稳健性分析之后，本书的主要结论依然稳健。

第八节 异质性分析

在第六节和第七节中，本书对研究可能存在的内生性问题进行了处理，并通过多种方式检验了结论的稳健性。本小节则重点探讨指数基金的这项正面作用在不同的子样本中是否具有不同的表现形式。而答案也是肯定的，本小节发现，指数基金对于上市公司社会责任的促进作用在国有企业以及面对的行业竞争更激烈的企业中更显著。

具体而言，本节接下来的部分将从以下两个方面对上述问题进行详细分析：产权性质的调节作用、行业竞争性的调节作用。

一、产权性质的调节作用

国有企业作为中国独特制度背景的特殊产物，与民营企业的股权结构大相径庭，而两者间最终控制人性质的不同往往导致它们在社会责任方面的敏感性存在差异。

国企高管往往享行政级别，企业形象好坏关系到其官员绩效及升迁（刘柏和卢家锐，2018），因此国有企业往往受政府的管制和影响较多，需要服从政府的倡导，承担更多的社会责任，社会也对国企抱有更高期望。因此，出于政治动机和政治目的，国有企业往往会选择"顺应潮流"（刘柏和卢家锐，2018），这使得国有企业经理人具有更高的企业社会责任敏感性，也就可能更易受指数基金影响。

本章将公司标记为民营企业组（SOE = 0）和国有企业组（SOE = 1），

回归结果见表5-20。

表5-20　指数基金、产权性质与社会责任

	(1) Disclose$_{t+1}$ SOE = 0	(2) Disclose$_{t+1}$ SOE = 1	(3) CSRhx$_{t+1}$ SOE = 0	(4) CSRhx$_{t+1}$ SOE = 1
INDEX$_t$	0.129***	0.204***	1.266***	1.496***
	(2.74)	(3.74)	(5.12)	(6.08)
OtherIns$_t$	0.001 72	0.004 68	0.024 1***	0.007 50
	(0.70)	(1.57)	(3.19)	(0.50)
Size$_t$	1.056***	1.091***	2.191***	3.788***
	(12.83)	(10.07)	(8.95)	(10.95)
ROA$_t$	3.923***	−2.025	77.67***	99.14***
	(3.78)	(−1.30)	(25.27)	(13.64)
Lever$_t$	−0.246	−1.950***	−3.202***	−7.070***
	(−0.71)	(−4.10)	(−3.19)	(−3.72)
BM$_t$	−1.356***	−1.380***	−1.768*	−3.933**
	(−4.19)	(−3.30)	(−1.84)	(−2.41)
ManaSize$_t$	0.236	0.563***	0.390	2.707***
	(1.60)	(2.90)	(0.85)	(3.39)
BoardSize$_t$	0.455	−0.087 6	2.256**	−1.326
	(1.21)	(−0.23)	(2.08)	(−0.86)
IndRate$_t$	1.404	−0.052 0	4.350	−4.339
	(1.16)	(−0.04)	(1.22)	(−0.81)
Duality$_t$	0.033 4	−0.132	−0.361	−0.021 9
	(0.31)	(−0.78)	(−1.24)	(−0.03)
ManaShr$_t$	−0.005 46*	−0.065 2***	0.023 0***	0.025 9
	(−1.94)	(−3.17)	(3.02)	(0.55)
H10$_t$	−1.306**	−0.069 9	5.404***	3.569
	(−2.34)	(−0.12)	(3.25)	(1.44)
HHI$_t$	−0.917	−0.871	−2.889	−1.501
	(−1.43)	(−1.28)	(−1.55)	(−0.51)

表 5-20（续）

(4) CSRhx$_{t+1}$ SOE = 1		(1) Disclose$_{t+1}$ SOE = 0	(2) Disclose$_{t+1}$ SOE = 1	(3) CSRhx$_{t+1}$ SOE = 0
Constant	−23.76 ***	−25.74 ***	−35.78 ***	−58.65 ***
	(−11.81)	(−10.83)	(−6.36)	(−8.36)
组间差异		−0.075 **		−0.230 **
经验 P 值		0.030		0.024
Year_ FE	是	是	是	是
Ind_ FE	是	是	是	是
Obs	14 315	8 005	14 323	8 005
(Pseudo) R2	0.192	0.235	0.244	0.354

注：括号内为 t（或 z）值，*、**、*** 代表在 10%、5%、1%水平显著。变量定义请见表 5-3。

表 5-20 中第（1）、（2）列汇报产权性质对指数基金作用的影响，而第（3）、（4）列汇报指数基金影响上市公司社会责任得分的产权性质异质性。

从社会责任内部评价出发，第（1）列汇报民营企业的情况，指数基金持股比例（INDEX）回归系数为 0.129，z 统计量为 2.74，在 1%水平上显著；而第（2）列汇报国有企业的情况，指数基金持股比例（INDEX）回归系数为 0.204，z 统计量为 3.74，也在 1%水平上显著，说明无论上市公司的产权性质如何，指数基金均可以鼓励公司披露独立的社会责任报告。但由于两个模型的回归系数均显著，不能直接进行比较，需要进行进一步的组间系数差异检验。参考连玉君和程建（2007）的介绍，使用其提供的 STATA 程序包（bdiff），选择克利里（Cleary）等人在 1999 年所使用的组间差异检验方法，结合 Bootstrap 的思想重复抽样 500 次后，得到两组系数差异的经验 P 值为 0.03，认为两组之间 INDEX 系数的差异在 5%水平上显著。说明无论上市公司的产权性质如何，指数基金均可鼓励公司披露独立报告，但在国有企业内，指数基金督促作用显著更大。

从外部评价出发，第（3）列汇报民营企业的情况，指数基金持股比例（INDEX）回归系数为 1.266，t 统计量为 5.12，在 1%水平上显著；而第（4）列汇报国有企业的情况，指数基金持股比例（INDEX）回归系数为 1.496，t 统计量为 6.08，在 1%水平上显著。与前两列情况类似，两个模型的回归系数均显著，使得本节不能直接进行比较，需要进行进一步的组间系数差异检验。在进行重复抽样 500 次后得到两组系数差异在 5% 水平上显著。也就是说在不同产权性质的公司内，指数基金持股均可以显著提升上市公司的社会责任得分，不过在国有企业中，指数基金的作用显著更大。

综上，无论是从企业内部评价还是外部评价的角度出发，在国有企业中，指数基金对于上市公司企业社会责任的提升作用总是更强的，假设 5-2 得到验证。

二、市场竞争水平的调节作用

具有良好社会责任的企业，往往可以享受其带来的诸多好处，比如，降低公司的诉讼风险（Agle et al., 1999；Shane et al., 1983；Waddock et al., 1997）和建立较好的名誉（如 Hill et al., 1992；Titman, 1984）来增加公司的长期价值（Kim et al., 2019），使企业更具竞争力。

当企业所处行业集中度较低时，行业内竞争更加激烈，企业将会更有动机去提升自身的竞争力。因此，本书利用企业所在行业赫芬达尔指数（HHI）作为分组依据，当公司所处行业的赫芬达尔指数低于样本内所有行业赫芬达尔指数的中位数水平时，认为公司所处行业竞争较为激烈（Compete=1），否则认为公司所处行业竞争较为平和（Compete=0）。据此原则分组回归，结果见表 5-21。

表 5-21　指数基金、行业竞争水平及社会责任

	(1) $Disclose_{t+1}$ Compete=0	(2) $Disclose_{t+1}$ Compete=1	(3) $CSRhx_{t+1}$ Compete=0	(4) $CSRhx_{t+1}$ Compete=1
$INDEX_t$	0.124*	0.238***	1.038***	1.556***
	(1.66)	(6.47)	(2.96)	(7.53)
$OtherIns_t$	0.003 82	0.004 70**	−0.014 8	0.013 1*
	(0.96)	(2.36)	(−0.90)	(1.67)
$Size_t$	1.335***	0.952***	3.160***	3.114***
	(10.10)	(13.29)	(8.45)	(13.58)
ROA_t	−1.362	2.248**	67.54***	84.11***
	(−0.93)	(2.42)	(11.52)	(24.88)
$Lever_t$	−1.305**	−0.692**	−2.436	−4.356***
	(−2.06)	(−2.31)	(−1.22)	(−4.32)

表5-21(续)

	(1) Disclose$_{t+1}$ Compete = 0	(2) Disclose$_{t+1}$ Compete = 1	(3) CSRhx$_{t+1}$ Compete = 0	(4) CSRhx$_{t+1}$ Compete = 1
BM$_t$	−1.838***	−0.952***	−5.927***	−3.559***
	(−3.35)	(−3.48)	(−3.26)	(−3.76)
ManaSize$_t$	0.087 8	0.464***	−0.303	1.576***
	(0.33)	(3.68)	(−0.33)	(3.59)
BoardSize$_t$	0.231	0.321	−0.905	1.718*
	(0.46)	(1.12)	(−0.51)	(1.71)
IndRate$_t$	3.354**	0.375	3.084	2.587
	(1.97)	(0.41)	(0.50)	(0.76)
Duality$_t$	−0.179	−0.103	−0.035 2	−0.457
	(−0.94)	(−1.05)	(−0.06)	(−1.54)
ManaShr$_t$	−0.012 6*	−0.010 0***	−0.006 13	0.018 6**
	(−1.88)	(−3.56)	(−0.36)	(2.35)
H10$_t$	−0.386	−0.462	7.426***	5.324***
	(−0.49)	(−1.12)	(2.93)	(3.44)
HHI$_t$	−0.608	2.674*	−2.849	3.843
	(−0.84)	(1.69)	(−1.08)	(0.67)
Constant	−29.40***	−23.71***	−44.27***	−53.78***
	(−10.37)	(−12.94)	(−5.62)	(−10.56)
组间差异		−0.113**		−0.517**
经验 P 值		0.018		0.034
Year_ FE	是	是	是	是
Ind_ FE	是	是	是	是
Obs	3 904	18 425	3 904	18 425
(Pseudo) R2	0.353	0.235	0.293	0.304

注：括号内为 t（或 z）值，*、**、*** 代表在 10%、5%、1%水平显著。变量定义请见表 5-3。

  表 5-21 中第（1）、（2）列汇报指数基金影响上市公司社会责任披露的行业竞争异质性，而第（3）、（4）列汇报指数基金影响上市公司社会责任得分的行业竞争异质性。

  从社会责任内部评价出发，第（1）列汇报行业竞争性较低时的情况，指数基金持股比例（INDEX）回归系数为 0.124，z 统计量为 1.66，在

10%水平上显著；而第（2）列汇报行业竞争性较高时的情况，指数基金持股比例（INDEX）回归系数为 0.238，z 统计量为 6.47，在 1%水平上显著。但由于两个模型的回归系数均显著，不能直接进行比较，需要进行进一步的组间系数差异检验。参考连玉君和程建（2007）的介绍，利用克利里（Cleary）等人在 1999 年所使用的组间差异检验方法，结合 Bootstrap 的思想重复抽样 500 次后得到两组系数差异的经验 P 值为 0.018，认为两组之间 INDEX 系数的差异在 5%水平上显著。上述结果意味着无论行业竞争激烈与否，指数基金持股均能鼓励公司披露独立报告，而当公司所处行业竞争较为激烈时，指数基金督促作用显著更大。

从社会责任外部评价出发，第（3）列汇报行业竞争性较低时的情况，指数基金持股比例（INDEX）回归系数为 1.038，t 统计量为 2.96，在 1%水平上显著；而第（4）列汇报行业竞争性较高时的情况，指数基金持股比例（INDEX）回归系数为 1.556，t 统计量为 7.53，在 1%水平上显著。与前两列情况类似，两个模型的回归系数均显著使得本章不能直接进行比较，需要进行进一步的组间系数差异检验。在进行重复抽样 500 次后得到两组系数差异在 5%水平上显著。也就是说无论行业竞争性高还是低，指数基金持股均可以显著提升上市公司的社会责任得分，不过在竞争较为激烈的行业，指数基金的作用显著更大。

综上，无论是从企业内部评价还是外部评价的角度出发，在竞争更激烈的行业环境中，指数基金对于上市公司企业社会责任的提升作用总是更强的，假设 5-3 得到验证。

第九节　进一步研究：讨论传导机制

第五节和第八节已证明指数基金能为企业社会责任带来积极影响，有助于上市公司的高质量发展，也探讨了指数基金对社会责任的提升作用在不同子样本中的异质性。接下来，本节将会从对内角度和对外角度两个方面分析指数基金提升上市公司社会责任的潜在传导机制。

对内角度主要关注公司短视决策水平。指数基金作为中国证券市场内的长线玩家、较长期的投资者，只要公司不被基金所跟踪的指数剔除，就需要一直持有公司的股票，使得指数基金更加关注公司的长期价值而非短期绩效，这可能缓解公司管理层所面临的短期压力，进而缓解公司决策的短视性，而这种长期视野又正好是企业社会责任提升所需要的（Kim et al., 2019；Neubaum et al., 2006）。此外，也有研究说明，公司的短视决策将会抑制上市公司的社会责任承担（Gloßner, 2019）。于是，本书不免联想：指数基金能督促公司积极履行社会责任是否与其持股的长期性以及对公司短视决策的缓解有关。因此，本书选择公司年报中的短期压力词汇比例（Myopic）来衡量公司决策的短视水平，以此验证指数基金能否缓解上市公司所面临的短期压力，缓解上市公司的短视水平。

而对外角度则主要关注指数基金是否能够吸引分析师对公司的关注。指数基金作为资本市场中重要的机构，其与分析师之间完全存在信息共享的可能，这无形之中可以提升分析师对其持股公司的关注。分析师关注提升后，企业社会责任的变化可以从两个角度考虑。从长期竞争视角考虑，若公司面临更高的竞争水平，往往需要提升自己的长期竞争力来更好地生存。学界也广泛认为提升企业社会责任能帮助公司提升声誉、降低风险、增加长期价值（Agle et al., 1999；Heal, 2005；Shane et al., 1983；Waddock et al., 1997）。当企业暴露在更高的分析师关注之下时，往往会更加谨慎，理应提升自身的长期竞争力，拥有更高的社会责任水平。同时，从信息视角考虑，分析师跟踪关注公司可以为上市公司带来监督和信息生产，当公司实现良好的企业社会绩效时，更有可能得到利益相关者的准确评估，这将有助于企业声誉累积并鼓励企业进一步参与企业社会责任投资。如乔和哈若托（Jo & Harjoto）在2014年指出，分析师关注可以缓解上市公司社会责任不足（CSR concern），整体提升其社会责任水平。张（Zhang）等人在2015年使用国内数据得出类似结论，因此，本书认为提升分析师关注度（AnaNum）或可成为指数基金影响上市公司社会责任水平的一个渠道。

通过对以上两个角度的分析以及接下来的实证分析，本节发现指数基金持股具有长期性，对内可以降低公司短视水平、对外能够提升公司的分析师关注度，这都可以为企业提升社会责任水平提供更好、更合适的条件。

一、模型、方法及样本基本情况

本节依然使用多元回归分析的方式对样本进行分析，如模型（5-3）

所示。模型中使用到的关键变量已经在表5-22中进行汇总。

$$\mathrm{Myopic}_{i,t}/\mathrm{Myopic\_adj}_{i,t}/\mathrm{AnaNum}_{i,t}/\mathrm{AnaRE}_{i,t}$$

$$= \alpha_0 + \alpha_1 \mathrm{INDEX}_{i,t} + \sum_{k=2}^{K} \alpha_k \mathrm{Controls}_{i,t} + \lambda_t + \delta_j + u_{i,t} \tag{5-3}$$

表5-22　机制部分涉及的关键变量

解释变量	$\mathrm{INDEX}_{i,t}$	指数基金第 t 年在公司 i 的持股比例总和（%）
	$\mathrm{ShINDEX}_{i,t}$	交易较为频繁、持股期限较短的指数基金第 t 年在公司 i 的持股比例总和（%）
	$\mathrm{LoINDEX}_{i,t}$	相对不常交易、持股期限较长的指数基金第 t 年在公司 i 的持股比例总和（%）
被解释变量	$\mathrm{Myopic}_{i,t}$	公司 i 在第 t 年的年度报告中管理层短视主义关键词数量
	$\mathrm{Myopic\_adj}_{i,t}$	公司 i 在第 t 年的年度报告中管理层短视主义关键词数量占公司年报总字数的比例 $Myopic_adj = $ 短视关键词数量／年报总字数 × 10 000
	$\mathrm{AnaNum}_{i,t}$	第 t 年内跟踪公司 i 的分析师数量的自然对数
	$\mathrm{AnaRE}_{i,t}$	第 t 年内跟踪公司 i 的分析师报告数量的自然对数
控制变量	与表5-3一致	

表5-23中汇报了本节中使用到的各个变量的基本描述统计情况，本节接下来的部分将会从对内和对外两个角度详细讨论指数基金影响公司社会责任水平的传导机制。

表5-23　关键变量描述统计

变量名称	（1）观测值数	（2）平均值	（3）标准差	（4）最小值	（5）中位数	（6）最大值
INDEX_t	25 881	0.541	0.995	0	0.096	8.442
$\mathrm{ShINDEX}_t$	25 881	0.309	0.710	0	0.051	12.955
$\mathrm{LoINDEX}_t$	25 881	0.250	0.574	0	0.015	6.857
Myopic_t	25 881	25.835	12.071	0	24	79
$\mathrm{Myopic\_adj}_t$	25 881	1.681	0.749	0	1.565	5.540
AnaNum_t	25 881	1.546	1.176	0	1.609	3.912

表5-23(续)

变量名称	（1） 观测值数	（2） 平均值	（3） 标准差	（4） 最小值	（5） 中位数	（6） 最大值
$AnaRE_t$	25 881	1.891	1.450	0	1.946	4.860
$OtherIns_t$	25 881	36.527	24.063	0	37.030	86.627
$Size_t$	25 881	22.149	1.291	19.781	21.950	26.477
ROA_t	25 881	0.045	0.053	-0.360	0.042	0.213
Lev_t	25 881	0.404	0.201	0.026	0.397	0.870
BM_t	25 881	0.623	0.241	0.091	0.624	1.252
$ManaSize_t$	25 881	1.801	0.356	0.693	1.792	2.708
$BoardSize_t$	25 881	2.13	0.199	1.609	2.197	2.708
$IndRate_t$	25 881	0.375	0.054	0.300	0.333	0.600
$Duality_t$	25 881	0.286	0.452	0	0	1
$ManaShr_t$	25 881	15.356	21.015	0	1.112	71.051
$H10_t$	25 881	0.167	0.115	0.014	0.140	0.588
HHI_t	25 881	0.084	0.093	0.011	0.056	0.785

注：变量定义详见表5-22。

其中，判断指数基金的交易是否频繁，本书使用基金的交易佣金的多少除以基金年初年末的平均净值得到的交易频繁程度来衡量。当指数基金的交易频繁程度大于指数基金样本内的中位数时，视为交易频繁的指数基金，其持股期限较短，在公司内的持股比例记为ShINDEX，反之则为持股期限较长的指数基金，在公司内的持股比例记为LoINDEX。

前文提到，指数基金独特的跟踪指数的特点使得指数基金无法随意地卖出其投资组合内的公司，于是本书推断指数基金相较于其他类型的基金而言具有更长的持股期限，也就意味着其具有更低的交易频繁程度。为了查看样本中的指数基金的交易频繁程度是否符合这一表现，本书分别统计了样本期内指数基金以及其他类型基金的交易频繁程度，而表5-24中汇报其交易频繁程度的平均值及t检验情况。

表 5-24　基金交易频繁程度

交易频繁程度	其他类型基金	指数基金	差值	t 统计量
总体	3.548	2.181	1.368***	18.583
2010	3.623	1.827	1.796***	4.577
2011	2.735	1.390	1.345***	5.763
2012	2.652	1.839	0.813***	4.389
2013	3.573	1.916	1.657***	7.171
2014	3.996	1.949	2.047***	7.736
2015	5.217	4.534	0.684**	2.463
2016	3.434	1.669	1.766***	9.489
2017	3.463	2.306	1.157***	6.265
2018	3.974	1.702	2.272***	8.105
2019	2.757	1.430	1.327***	8.621
2020	3.516	2.278	1.238***	7.385

注: 交易频繁程度 TrdFrq = 年交易佣金合计/年初年末平均净值 * 1 000。** 、*** 代表在 5%、1%水平显著。

表 5-24 的情况可以看出，指数基金的交易频繁程度不及其他类型的基金，其交易频繁程度与其他类型基金的交易频繁程度具有显著差异。

二、对内缓解公司短视决策

对内角度主要关注公司短视决策水平。指数基金作为中国证券市场内的长线玩家，需要跟踪指数、长期持有指数成份股公司。代表指数基金将会更加关注公司的长期价值，可能缓解公司决策的短视性，使公司决策时考虑更长远，而这种长期视野又正好是企业社会责任提升所需要的（Kim et al.，2019；Neubaum et al.，2006）。

为验证这一逻辑是否顺畅，需要分两步对样本内的数据进行梳理，层次递进地回答以下两个问题：社会责任的提升是长期持股带来的吗？指数基金可以缓解上市公司的管理层短视吗？

（一）社会责任的提升是长期持股带来的吗

为了回答这个问题，进一步分析指数基金对于企业社会责任的积极作用通过何种途径实现，本节根据指数基金每年交易频繁程度的中位数将指数基金分为交易较为频繁的指数基金，即投资期限较短的指数基金（ShINDEX），以及交易不频繁的指数基金，即投资期限较长的指数基金（LoINDEX）。

而指数基金交易频繁程度的衡量方法也非常直观，本书利用万得数据库中提供的基金交易佣金（trdFee）除以基金年初年末的平均净值（mNAV）来衡量。基金进行交易时会产生交易佣金，交易越频繁，交易佣金也就越高，而不同规模的基金产生的交易佣金的规模也不相同，因此需要用交易佣金除以平均净值水平来剔除基金规模产生的影响。将指数基金整体划分为持股期限较长的指数基金（LoINDEX）和持股期限较短的指数基金（ShINDEX）后，结果如表 5-25 所示。

表 5-25　指数基金的投资期限

Panel A　报告披露与和讯评分		
	（1）	（2）
	$Disclose_{t+1}$	$CSRhx_{t+1}$
$LoINDEX_t$	0. 320 ***	2. 893 ***
	（6. 10）	（8. 53）
$ShINDEX_t$	0. 074 1 **	0. 051 8
	（1. 97）	（0. 28）
控制变量	是	是
Year_ FE	是	是
Ind_ FE	是	是
Obs	22 329	22 329
（Pseudo）R2	0. 253	0. 300

Panel B　CSRhx 的构成项					
	（1）	（2）	（3）	（4）	（5）
	$HxShr_{t+1}$	$HxEmp_{t+1}$	$HxSup_{t+1}$	$HxEnv_{t+1}$	$HxSoc_{t+1}$
$LoINDEX_t$	−0. 006 51	0. 658 ***	1. 059 ***	1. 044 ***	0. 161 *
	（−0. 08）	（8. 80）	（9. 21）	（7. 96）	（1. 93）
$ShINDEX_t$	0. 053 9	−0. 009 31	−0. 007 51	−0. 045 2	0. 060 9
	（1. 06）	（−0. 22）	（−0. 13）	（−0. 67）	（1. 19）

表5-25(续)

控制变量	是	是	是	是	是
Year_ FE	是	是	是	是	是
Ind_ FE	是	是	是	是	是
Obs	22 329	22 329	22 329	22 329	22 329
(Pseudo) R2	0.392	0.230	0.213	0.211	0.214

注：括号内为 t（或 z）值，*、**、*** 代表在 10%、5%、1% 水平显著。

Panel A 中第（1）列使用 logit 回归，汇报持股期限较短的指数基金（ShINDEX）和持股期限较长的指数基金（LoINDEX）对上市公司社会责任报告披露（Disclose）的影响。其中，持股期限较长、相对不常交易的指数基金（LoINDEX）的回归系数为 0.32，z 统计量为 6.10，在 1% 水平上显著，而交易相对频繁、持股期限较短的指数基金（ShINDEX）的回归系数为 0.074 1，z 统计量为 1.97，在 5% 水平上显著。可以认为，无论样本内交易频繁的指数基金还是不常交易的指数基金，均可以督促公司披露 CSR 报告，提升了上市公司对于社会责任水平的内部评价。为比较持有期限不同的指数基金对社会责任报告披露的影响大小，不能仅仅比较回归系数的大小，需要对比其标准化后的回归系数。计算可得持股期限较长、相对不常交易的指数基金（LoINDEX）的标准化回归系数为 0.401，高于持股期限较短的指数基金（ShINDEX）的标准化回归系数 0.119。也就是说，指数基金这种督促公司披露独立社会责任报告的作用主要由持有期限较长的指数基金主导。

而 Panel A 的第（2）列汇报了持股期限较短的指数基金（ShINDEX）和持股期限较长的指数基金（LoINDEX）对上市公司社会责任得分（CSRhx）的影响。其中，相对不常交易、持股期限较长的指数基金（LoINDEX）的回归系数为 2.893，t 统计量为 8.53，在 1% 水平上显著。而交易相对频繁、持股期限较短的指数基金（ShINDEX）的回归系数则并不显著，这说明指数基金提升上市公司社会责任外界评价的作用同样由持有期限较长的指数基金主导。其中，持股期限较长的指数基金（LoINDEX）的标准化回归系数为 0.108，代表持股期限较长的指数基金（LoINDEX）每增加 1 个标准差，企业社会责任的和讯网评分将会增加 0.108 个标准差。

Panel B 汇报了和讯网社会责任评分（CSRhx）的五个构成项作为被解释变量的回归情况，从表中结果不难发现，LoINDEX 的回归系数在除股东责任子项（HxShr）外的所有列均显著为正，而 ShINDEX 的回归系数并不显著，这也说明指数基金对于企业社会责任的提升效果主要集中在投资期限较长、交易并不频繁的指数基金之中。

综上所述，表格中的结论说明，一定程度上可以认为公司社会责任的提升正是那些较为稳定、投资期限更长的指数基金带来的。

（二）指数基金可以缓解上市公司的管理层短视吗

长期机构投资者更加关注上市公司的长期价值而非短期绩效（Kim et al., 2019；Neubaum et al., 2006），因而可以通过缓解管理层短视的途径促进企业社会责任水平的提升。而指数基金无法随意抛售自己投资组合内公司的股票，只能被动地长期持有，其长期利益绑定的性质决定了相较于短期绩效而言，指数基金也将更关注公司的长期价值。指数基金对管理层的评价将更着重于其长期表现，因而能够更大程度地容忍管理层短期内可能较差的业绩，这可能可以有效缓解管理层的短视压力。有研究说明，公司的短视决策将会抑制上市公司的社会责任承担（Gloßner，2019）。基于本小节第（一）部分中的分析，已经发现企业社会责任的提升主要归功于长期持股的指数基金，接下来需要验证指数基金是否的确更关注公司的长期价值，能否抑制公司内可能存在的短视行为。

文本分析数据来自 CNRDS 数据库。利用年报中短视主义相关的关键词频度（Myopic）以及剔除年报字数影响的短视主义相关关键词的频度（Myopic_ adj）作为公司短视情况的衡量指标，分析指数基金持股比例（INDEX）对于公司内短视主义现象的影响，回归结果汇报在表 5-26 中。

表 5-26　指数基金缓解公司短视主义

	（1） $Myopic_t$	（2） $Myopic_{t+1}$	（3） $Myopic\_ adj_t$	（4） $Myopic\_ adj_{t+1}$
$INDEX_t$	−0.384 ***	−0.419 ***	−0.018 3 **	−0.017 1 **
	（−3.11）	（−3.15）	（−2.56）	（−2.22）
控制变量	是	是	是	是
Year_ FE	是	是	是	是
Ind_ FE	是	是	是	是
Obs	25 881	22 329	25 881	22 329
R2	0.268	0.259	0.228	0.241

注：括号内为 t 值，**、*** 代表在 5%、1%水平显著。

表 5-26 中第（1）、（2）列以公司年报中短视主义相关的关键词频度（Myopic）作为被解释变量，其中第（1）列关注当期，INDEX 回归系数为 -0.384，t 统计量为 -3.11，在 1% 水平上显著为负，而第（2）列汇报 $t+1$ 期的结果，指数基金持股比例（INDEX）系数为 -0.419，t 统计量为 -3.15，同样在 1% 水平上显著为负。这样的结果说明，无论是当期还是下一期，指数基金在公司内持股均可以缓解公司内可能存在的管理层短视问题。

考虑到单纯以词频来衡量无法排除年报体量对结果的影响，第（3）列和第（4）列中则是以经年报字数调整的短视主义相关关键词频度（Myopic_adj）作为被解释变量，第（3）列汇报当期的结果，指数基金持股比例（INDEX）系数在 5% 水平上显著为负，而第（4）列同样汇报 $t+1$ 期的结果，指数基金持股比例（INDEX）的回归系数为 -0.017 1，t 统计量为 2.22，在 5% 水平上显著，因此可以认为无论是当期还是 $t+1$ 期，指数基金的持股都对公司的短视起到了缓解作用。

此外，许多研究（如：Bushee，1998）在考虑公司管理层短视行为的时候，常常使用上市公司的创新研发投入（R&D）作为其代理变量，因为创新投入是一项长期的投资，只考虑短期利益的公司不太可能选择进行创新研发。而第四章已经论证了指数基金提升创新投入的作用，也可以从侧面反映出指数基金对于公司短视行为的缓解作用。

综上所述，指数基金可以缓解公司的短视主义，那么就可以抑制其副产品——牺牲长期投资（Bushee，1998；Chen et al.，2015；Cheng，2004）。因而作为持股期限较长的机构投资者，指数基金可以缓解管理层短视，为企业社会责任提升提供条件和空间。

三、对外吸引分析师的关注

指数基金作为资本市场中重要的机构，其与分析师之间完全存在信息共享的可能，这无形之中可以提升分析师对其持股公司的关注。学术界普遍认为，改善企业社会责任是提高企业声誉、降低风险、增加企业长期价值的一种途径（Shane et al.，1983；Waddock et al.，1997）。当企业受到更大的关注时，往往更加谨慎，应该提高社会责任，以促进企业的长期竞争力的提升。同时，分析师跟踪关注公司可以为上市公司带来监督和信息生产，当公司实现良好的企业社会绩效时，更有可能得到利益相关者的准确评估，这将有助于企业声誉累积并鼓励企业进一步参与企业社会责任投资。如乔和哈若托（Jo & Harjoto）在 2014 年指出，分析师关注可以缓解上市公司社会责任不足（CSR concern），整体提升社会责任水平。张（Zhang）等人在 2015 年使用国内数据得出类似结论。因此，本书使用每年跟踪关注公司的分析师团队数量的自然对数（AnaNum）和每年内针对公司的分析师报告数量的自然对数（AnaRE）衡量某公司受到分析师关注程度的高低，回归分析结果如表 5-27 所示。

表 5-27　指数基金吸引分析师关注度

	(1)	(2)	(3)	(4)
			限定样本	限定样本
	$AnaNum_t$	$AnaRE_t$	$AnaNum_t$	$AnaRE_t$
$INDEX_t$	0.113 ***	0.126 ***	0.101 ***	0.109 ***
	(10.10)	(9.14)	(4.79)	(4.08)
控制变量	是	是	是	是
Year_ FE	是	是	是	是
Ind_ FE	是	是	是	是
Obs	25 881	25 881	2 557	2 557
R2	0.469	0.475	0.414	0.413

注：括号内为 t 值，*** 代表在 1%水平显著。

表 5-27 中第（1）列汇报了公司内指数基金持股比例对跟踪该公司的分析师及分析师团队数量的影响，指数基金持股比例（INDEX）的回归系数为 0.113，t 统计量为 10.1，在 1%水平上显著，意味着指数基金持股比例（INDEX）每上升 1 个单位，跟踪公司的分析师团队数量的自然对数（AnaNum）就显著上升 0.113 个单位。而第（2）列则汇报了公司内指数基金持股比例对关于该公司的分析师报告数量的影响，指数基金持股比例（INDEX）的回归系数为 0.126，t 统计量为 9.14，在 1%水平上显著，意味着指数基金持股比例（INDEX）每上升 1 个单位，跟踪公司的分析师团队数量的自然对数（AnaNum）就显著上升 0.126 个单位。上述结果说明，两种衡量分析师关注度的指标均能受到指数基金持股比例的显著为正的影响，可以认为指数基金可以为公司带来显著更高的分析师关注度。

尽管第（1）和第（2）列的结果可以反映上述结论，但是本节依然有所担心：中国市场内的指数基金大都以沪深300指数作为标的指数，因此，样本内公司能够获得较高的分析师关注可能是由于公司被纳入沪深300指数造成的，而不是由于指数基金持股本身造成的。为了避免沪深300指数本身的效应干扰分析，本节将样本限定在沪深300指数内，进行如第（1）、（2）列中同样的回归，回归结果汇报在第（3）、（4）两列。

　　可以看到，当样本限定在沪深300指数内的公司中时，其结论与第（1）、（2）列的结论基本一致，公司内指数基金的持股可以显著提升跟踪该公司的分析师及分析师团队数量和关于该公司的分析师报告数量，指数基金可以为上市公司吸引更高的分析师关注度。结合前人关于分析师关注可以为公司带来更好的社会责任水平的相关结论（如：Jo et al.，2014；Zhang et al.，2015），也可以认为指数基金之所以能够提升公司的社会责任水平，是因为它们能够为公司带来更高的分析师关注度。

第十节　本章小结与启示

　　本章以公司的社会责任作为研究视角，探讨指数基金持股与上市公司高质量发展之间的内在联系，发现指数基金持股能够显著提升公司的社会责任水平，无论是从公司社会责任的内部评价还是外部评价角度，均能够找到指数基金积极作用的经验证据：指数基金持股比例更高的公司，其社会责任内部评价较高，意味着这些公司往往对本公司的社会责任水平更有信心，有显著更高的可能性披露单独的社会责任报告；而指数基金持股比例更高的公司的社会责任外部评价也更高，意味着这些公司拥有显著更高的社会责任评分和社会责任评级。这些研究结论在处理内生性、通过一系列稳健性检验后依然不变，仍然可以看到指数基金对于公司社会责任的正面作用。

　　通过异质性分析，本章发现指数基金对于上市公司社会责任的提升作用在不同样本中具有不同的效果，其中，在国有企业和面临的行业竞争水平更高的公司中，指数基金的作用更显著。

　　进一步地，本章试图厘清指数基金持股能够提升公司社会责任水平的内在机制。研究分析发现，指数基金可以从两个方面提升公司的社会责任水平。一方面，对内可以缓解公司的短视水平。具体而言，指数基金中产生作用的正是持有期限较长、交易不那么频繁的基金，同时，通过文本分析可以发现，指数基金能够降低公司年报中反映出来的短视主义水平。缓解公司短视能够为公司提供长远发展的视角，有利于公司进行社会责任投资（Kim et al., 2019；Neubaum et al., 2006）。另一方面，对外又可以吸引分析师的关注，具体而言，指数基金持股比例更高的公司往往具有显著更高的分析师关注度，即使在沪深 300 指数的小样本中依然成立。分析师的关注往往会放大公司的一举一动，督促公司选择更高的社会责任承担水平（Jo et al., 2014；Zhang et al., 2015）。

本章的内容丰富了机构投资者治理作用的相关文献，为消极投资者的积极社会责任作用提供了全新的实证证据。本章的研究结论也可以为公司、投资人、政府机构等微观市场主体理解不同类型机构投资者对公司治理异质性效应提供全新的视角和证据，为公司社会责任的提升提供新的参考，为上市公司高质量发展的途径提供新的思路。

第六章 结论与建议

第一节 主要结论

依托于上市公司创新能力和上市公司社会责任水平两个研究视角，本书为以指数基金为代表的消极机构投资者对于上市公司高质量发展的作用找到了实证证据。

通过创新视角的分析，研究发现指数基金持股能够显著提升公司的创新水平，无论是公司的创新投入方面还是创新产出方面，均能够找到指数基金创新促进作用的经验证据。

通过异质性分析，本书发现指数基金的创新提升作用在民营企业、创新紧迫性更高的公司及注册地市场化程度更高的企业中更显著。通过将指数基金分为不同的类型讨论，本书还发现指数基金的创新提升作用主要由跟踪大盘股指数的基金以及本身规模较大的指数基金主导。

进一步地，本书试图厘清指数基金持股能够提升公司创新水平的内在机制。本书发现，从公司外部的市场角度而言，指数基金可以通过降低公司的年度流通股换手率及提升公司内机构投资者持股的稳定性来缓解公司的短期压力；从公司内部的治理角度而言，指数基金可以降低公司管理层的职业风险进而缓解公司管理层的短期压力。前人的研究也指出，较低的股票换手率水平（Fang et al.，2014）和更稳定的股东结构（Chen et al.，2015；Luong et al.，2017；Sakaki et al.，2019）都有助于提升公司的创新水平。而较低的管理层离职风险意味着对失败的容忍度较高的氛围，能有效缓解管理层的短视并提升上市公司的创新水平（Chen et al.，2015；Luong et al.，2017；Sakaki et al.，2019）。这两方面的短期压力得到了缓解，那么公司的短视决策也就得到了有效抑制，这可以为创新提供良好的前提条件和包容的环境。

通过社会责任视角的分析，研究发现指数基金持股能够显著提升公司的社会责任水平，无论是从公司社会责任的内部评价还是外部评价角度，均能够找到指数基金促进上市公司积极承担社会责任的经验证据：指数基金持股比例更高的公司其社会责任内部评价也更高，意味着这些公司往往对本公司的社会责任水平更有信心，有显著更高的可能性披露单独的社会责任报告；而指数基金持股比例更高的公司其社会责任的外部评价也更高，意味着这些公司拥有显著更高的社会责任评分和社会责任评级。

异质性分析发现指数基金对于上市公司社会责任的提升作用在不同样本中具有不同的效果，其中，在国有企业中和面临的行业竞争水平更高的公司中，指数基金的作用更显著。

进一步地，本章试图厘清指数基金持股能够提升公司社会责任水平的内在机制。研究分析发现，指数基金可以从两个方面提升公司的社会责任水平。一方面，对内其可以缓解公司的短视水平。具体而言，指数基金中产生作用的正是持有期限较长、交易不那么频繁的基金，同时，通过文本分析可以发现，指数基金能够降低公司年报中反映出来的短视主义水平。缓解公司短视能够为公司提供长远发展的视角，有利于公司进行社会责任投资。另一方面，对外其又可以吸引分析师的关注，具体而言，指数基金持股比例更高的公司往往具有显著更高的分析师关注度，即使在沪深300指数的小样本中依然成立。分析师的关注往往会放大公司的一举一动，也可以缓解公司信息不对称、帮助利益相关者更准确地评价公司的社会责任情况，使公司更乐意承担社会责任，最终使公司选择更高的社会责任承担水平。

第二节　启示与建议

基于本书的研究结论，主要有以下三方面的启示与建议。

第一，就上市公司而言，公司治理的好坏关系着上市公司能否实现高质量发展的宏伟蓝图，在国家强调经济高质量发展概念的背景下，公司管理层更应该明确自身责任主体人意识，从长远发展的角度考虑问题、进行决策。积极与公司内专业的机构投资者沟通交流，采纳合理的治理提升建议，在适当的时机提升自身的创新能力、积极承担社会责任，保持公司长期内可持续竞争优势，为经济的高质量发展奠定基础。

第二，就以指数基金为代表的消极机构投资者而言，应当坚持专业主义与长期主义，依法依规参与公司治理，积极通过台前"用手投票"，私下与管理层沟通等方式为组合内公司管理层提供专业的治理建议。在《关于加快推进公募基金行业高质量发展的意见》的指引下，迅速适应基金行业新发展格局，在帮助上市公司高质量发展的同时实现自身高质量发展。

第三，就政府和监管机构而言，应当进一步完善机构投资者参与公司治理的依据。基于本书所选择的时间段和上市公司样本，以指数基金为代表的消极机构投资者对上市公司高质量发展具有积极作用。然而现阶段，我国证券市场内关于机构投资者参与公司治理的法律、规制还不完善。缪若冰（2022）从正式法律条文和具体监管规则角度进行梳理，发现仅在《中华人民共和国证券投资基金法》中提到基金管理人的谨慎勤勉义务，但并未明确将参与公司治理纳入该义务范畴；在《上市公司治理准则》中鼓励机构投资者合理参与公司治理，但又缺乏约束机制。因此，政府及监管机构需要陆续出台、完善相关指导意见、法律法规以进一步推动指数基金等专业机构投资者积极参与上市公司治理，积极"用手投票"，助力上市公司高质量发展。

参考文献

薄仙慧，吴联生，2009. 国有控股与机构投资者的治理效应：盈余管理视角 [J]. 经济研究，44（2）：81-91，160.

曾春华，张弛，陈险峰，2019. 机构投资者能促进企业创新吗?：基于"经理人职业生涯假说"的视角 [J]. 海南大学学报（人文社会科学版），37（2）：44-53.

曾志远，蔡东玲，武小凯，2018. "监督管理层"还是"约束大股东"? 基金持股对中国上市公司价值的影响 [J]. 金融研究（12）：157-173.

常福强. 易方达基金董事长詹余引：做值得长期托付的资产管理公司. 上海证券报，（2022-09-21）[2023-02-10]. https://finance.sina.com.cn/money/fund/jjrw/2022-09-21/doc-imqmmtha8124198.shtml.

陈思，何文龙，张然，2017. 风险投资与企业创新：影响和潜在机制 [J]. 管理世界（1）：158-169.

程书强. 机构投资者持股与上市公司会计盈余信息关系实证研究 [J]. 管理世界，2006（9）：129-136.

邓川，孙金金，2014. QFII持股、产权性质与企业融资约束 [J]. 管理世界，（5）：180-181.

范玉仙，张占军，2021. 混合所有制股权结构、公司治理效应与企业高质量发展 [J]. 当代经济研究，（3）：71-81，112.

冯根福，温军，2008. 中国上市公司治理与企业技术创新关系的实证分析 [J]. 中国工业经济，（7）：91-101.

冯丽艳，肖翔，程小可，2016. 社会责任对企业风险的影响效应：基于我国经济环境的分析 [J]. 南开管理评论，19（6）：141-154.

付雷鸣，万迪昉，张雅慧，2012. VC是更积极的投资者吗?：来自创业板上市公司创新投入的证据 [J]. 金融研究，（10）：125-138.

韩晴，王华，2014. 独立董事责任险、机构投资者与公司治理 [J]. 南开管理评论，17（5）：54-62.

何立峰，2022. 高质量发展是全面建设社会主义现代化国家的首要任务［J］. 宏观经济管理，（12）：1-4, 8.

黄慧玲，2021. 华夏基金李一梅：ESG 已经变成重要且紧迫的事［N/OL］. 财经，（2021-12-23）［2023-02-10］.https://finance.sina.com.cn/hy/hyjz/2021-12-23/doc-ikyamrmz0725646.shtml.

黄速建，余菁，2006. 国有企业的性质、目标与社会责任［J］. 中国工业经济，（2）：68-76.

蒋艳辉，唐家财，姚靠华，2014. 机构投资者异质性与上市公司 R&D 投入：来自 A 股市场高新技术企业的经验研究［J］. 经济经纬，31（4）：86-91.

金碚，2018. 关于"高质量发展"的经济学研究［J］. 中国工业经济，（4）：5-18.

黎文靖，路晓燕，2015. 机构投资者关注企业的环境绩效吗？：来自我国重污染行业上市公司的经验证据［J］. 金融研究，（12）：97-112.

李春涛，薛原，惠丽丽，2018. 社保基金持股与企业盈余质量：A 股上市公司的证据［J］. 金融研究，（7）：124-142.

李培功，沈艺峰，2011. 社会规范、资本市场与环境治理：基于机构投资者视角的经验证据［J］. 世界经济，34（6）：126-146.

李树超，2022. 重磅访谈！华夏基金李一梅：在基金业高质量发展中扮演"五大角色"［N\OL］. 中国基金报，（2022-09-22）［2023-02-10］.https://finance.sina.com.cn/money/fund/jjrw/2022-09-30/doc-imqqsmrp0034482.shtml.

李雄飞，2023. 经济政策不确定性对民营企业高质量发展的影响［J］. 经济问题，（3）：94-101.

李争光，赵西卜，曹丰，刘向强，2015. 机构投资者异质性与会计稳健性：来自中国上市公司的经验证据［J］. 南开管理评论，18（3）：111-121.

连玉君，程建，2007. 投资—现金流敏感性：融资约束还是代理成本？［J］. 财经研究，（2）：37-46.

林志帆，杜金岷，龙晓旋，2021. 股票流动性与中国企业创新策略：流水不腐还是洪水猛兽？［J］. 金融研究，（3）：188-206.

刘柏，卢家锐，2018."顺应潮流"还是"投机取巧"：企业社会责任的传染机制研究 [J]. 南开管理评论，21 (4)：182-194.

刘志彪，凌永辉，2020. 结构转换、全要素生产率与高质量发展 [J]. 管理世界，(7)：15-28.

陆瑶，张叶青，贾睿等，2017."辛迪加"风险投资与企业创新 [J]. 金融研究，(6)：159-175.

陆瑶，朱玉杰，胡晓元，2012. 机构投资者持股与上市公司违规行为的实证研究 [J]. 南开管理评论，15 (1)：13-23.

毛磊，王宗军，王玲玲，2012. 机构投资者持股偏好、筛选策略与企业社会绩效 [J]. 管理科学，25 (3)：21-33.

缪若冰，2022. 被动投资者消极参与公司治理的法律规制 [J]. 证券市场导报，(2)：36-43.

潘越，戴亦一，魏诗琪，2011. 机构投资者与上市公司"合谋"了吗：基于高管非自愿变更与继任选择事件的分析 [J]. 南开管理评论，14 (2)：69-81.

孙光国，刘爽，赵健宇，2015. 大股东控制、机构投资者持股与盈余管理 [J]. 南开管理评论，18 (5)：75-84.

孙早，刘李华，孙亚政，2014. 市场化程度、地方保护主义与 R&D 的溢出效应：来自中国工业的经验证据 [J]. 管理世界 (8)：78-89.

唐跃军，左晶晶，2014. 所有权性质、大股东治理与公司创新 [J]. 金融研究，408 (6)：177-192.

王海妹，吕晓静，林晚发，2014. 外资参股和高管、机构持股对企业社会责任的影响：基于中国 A 股上市公司的实证研究 [J]. 会计研究，(8)：81-87，97.

王琨，肖星，2005. 机构投资者持股与关联方占用的实证研究 [J]. 南开管理评论，(2)：27-33.

王小鲁，樊纲，胡李鹏，2018. 中国分省份市场化指数报告 (2018) [M]. 社会科学文献出版社.

王雪荣，董威，2009. 中国上市公司机构投资者对公司绩效影响的实证分析 [J]. 中国管理科学，17 (2)：15-20.

魏敏，李书昊，2018. 新时代中国经济高质量发展水平的测度研究 [J]. 数量经济技术经济研究，35 (11)：3-20.

温军，冯根福，2012. 异质机构、企业性质与自主创新 [J]. 经济研究，(3): 53-64.

吴晓晖，姜彦福，2006. 机构投资者影响下独立董事治理效率变化研究 [J]. 中国工业经济，(5): 105-111.

吴延兵，2012. 中国哪种所有制类型企业最具创新性？[J]. 世界经济，35 (6): 3-25, 28-29, 26-27.

肖土盛，吴雨珊，亓文韬，2022. 数字化的翅膀能否助力企业高质量发展：来自企业创新的经验证据 [J]. 经济管理，(5): 41-62.

徐晓萍，张顺晨，许庆，2017. 市场竞争下国有企业与民营企业的创新性差异研究 [J]. 财贸经济，38 (2): 141-155.

许志勇，韩炳，彭芸等，2023. 技术创新与企业高质量发展 [J]. 科研管理，44 (0): 22-32.

薛英杰，汪勇，尹玉刚，2021. 指数基金持股增加了股票定价效率吗：基于中国 A 股市场的实证研究 [J]. 当代财经，(4): 53-65.

杨海燕，韦德洪，孙健，2012. 机构投资者持股能提高上市公司会计信息质量吗？：兼论不同类型机构投资者的差异 [J]. 会计研究，(9): 16-23, 96.

杨林，沈春蕾，2019. 减税降费赋能中小企业高质量发展了吗？：基于中小板和创业板上市公司的实证研究 [J]. 经济体制改革，2019: 4-10.

杨青，吉赟，2019. 被动机构投资者损害了公司绩效吗？：基于指数断点的证据 [J]. 世界经济文汇，(4): 35-50.

于忠泊，田高良，齐保垒，张皓，2011. 媒体关注的公司治理机制：基于盈余管理视角的考察 [J]. 管理世界，(9): 127-140.

张曾莲，徐方圆，2021. 董事高管责任保险与企业高质量发展：基于代理成本和创新激励视角 [J]. 华东经济管理，35 (2): 78-86.

张纯，吕伟，2007. 机构投资者、终极产权与融资约束 [J]. 管理世界，(11): 119-126.

张军扩，侯永志，刘培林，何建武，卓贤，2019. 高质量发展的目标要求和战略路径 [J]. 管理世界，35 (7): 1-7.

张维，张越，孙奕峻，2020. 指数基金持股会加剧股价同涨同跌吗？[J]. 金融评论，12 (4): 84-96, 125.

赵宸宇，2022. 数字化转型对企业社会责任的影响研究 [J]. 当代经济科学, 44 (2): 109-116.

赵阳, 沈洪涛, 周艳坤, 2019. 环境信息不对称、机构投资者实地调研与企业环境治理 [J]. 统计研究, 36 (7): 104-118.

周静, 2019. 指数基金所有权、股票流动性与公司资本投资的同群效应 [D]. 武汉: 华中科技大学.

Acharya V V, Subramanian K V, 2009. Bankruptcy Codes and Innovation [J]. The Review of Financial Studies, 22 (12): 4949-4988.

Admati A R, Pfleiderer P, 2009. The "Wall Street Walk" and Shareholder Activism: Exit as a Form of Voice [J]. The Review of Financial Studies, 22 (7): 2645-2685.

Aggarwal R, Erel I, Ferreira M et al., 2011. Does Governance Travel Around the World? Evidence from Institutional Investors [J]. Journal of Financial Economics, 100 (1): 154-181.

Aghion P, Van Reenen J, Zingales L, 2013. Innovation and Institutional Ownership [J]. American Economic Review, 103 (1): 277-304.

Agle B R, Mitchell R K, Sonnenfeld J A, 1999. Who Matters to CEOs? An Investigation of Stakeholder Attributes and Salience, Corpate Performance, and CEO Values [J]. Academy of management journal, 42 (5): 507-525.

Amin A, Chourou L, Kamal S et al., 2020. It's Who You Know That Counts: Board Connectedness and CSR Performance [J]. Journal of Corporate Finance, 64: 101662.

Amore M D, Schneider C, Žaldokas A, 2013. Credit Supply and Corporate Innovation [J]. Journal of Financial Economics, 109 (3): 835-855.

Appel I R, Gormley T A, Keim D B, 2016. Passive Investors, Not Passive Owners [J]. Journal of Financial Economics, 121 (1): 111-141.

Appel I R, Gormley T A, Keim D B, 2019. Standing on the Shoulders of Giants: The Effect of Passive Investors on Activism [J]. The Review of Financial Studies, 32 (7): 2720-2774.

Azar J, Duro M, Kadach I et al., 2021. The Big Three and Corporate Carbon Emissions Around the World [J]. Journal of Financial Economics, 142 (2): 674-696.

Baek J S, Kang J K, Suh Park K, 2004. Corporate Governance and Firm

Value: Evidence from the Korean Financial Crisis [J]. Journal of Financial E-conomics, 71 (2): 265-313.

Baranchuk N, Kieschnick R, Moussawi R, 2014. Motivating Innovation in Newly Public Firms [J]. Journal of Financial Economics, 111 (3): 578-588.

Bebchuk L A, Hirst S, 2019. INDEX Funds and the Future of Corporate Governance: Theory, Evidence, and Policy [R]. National Bureau of Economic Research, 2019.

Bena J, Ferreira M A, Matos P et al., 2017. Are Foreign Investors Locusts? The Long-term Effects of Foreign Institutional Ownership [J]. Journal of Financial Economics, 126 (1): 122-146.

Benz C, 2017. Bogle: INDEX Funds the Best Hope for Corporate Governance[N/OL]. (2017-10-24) [2023-02-10]. http://www.morningstar.com/videos/830770/bogleINDEX-funds-the-best-hope-for-corporate-gove.html.

Berle A A, Means G C, 1932. The Modern Corporation and Private Property [M]. New York, 1932.

Bharath S T, Jayaraman S, Nagar V, 2013. Exit as Governance: An Empirical Analysis [J]. The Journal of Finance, 68 (6): 2515-2547.

Bhattacharya C B, Sen S, 2004. Doing Better at Doing Good: When, Why, and How Consumers Respond to Corporate Social Initiatives [J]. California Management Review, 47 (1): 9-24.

Black B S, 1991. Agents Watching Agents: The Promise of Institutional Investor Voice [J]. UCLA l. Rev., 39: 811.

Boone A L, White J T, 2015. The Effect of Institutional Ownership on Firm Transparency and Information Production [J]. Journal of Financial Economics, 117 (3): 508-533.

Brav A, Jiang W, Ma S et al., 2018. How Does Hedge Fund Activism Reshape Corporate Innovation? [J]. Journal of Financial Economics, 130 (2): 237-264.

Brav A, Jiang W, Partnoy F et al., 2008. Hedge Fund Activism, Corporate Governance, and Firm Performance [J]. Journal of Finance, 63 (4): 1729-1775.

Brickley J A, Lease R C, Smith C W, 1988. Ownership Structure and Voting on Antitakeover Amendments [J]. Journal of Financial Economics, 20 (C): 267-291.

Bushee B J, 1998. The Influence of Institutional Investors on Myopic R&D Investment Behavior [J]. The Accounting Review, 73 (3): 305-333.

Campbell J L, 2007. Why Would Corporations Behave in Socially Responsible Ways? An Institutional Theory of Corporate Social Responsibility [J]. Academy of Management Review, 32 (3): 946-967.

Carleton W T, Nelson J M, Weisbach M S, 1998. The Influence of Institutions on Corporate Governance through Private Negotiations: Evidence from TIAA - CREF [J]. The Journal of Finance, 53 (4): 1335-1362.

Chava S, 2014. Environmental Externalities and Cost of Capital [J]. Management Science, 60 (9): 2223-2247.

Chen S, Huang Y, Li N et al., 2019. How Does Quasi-INDEXer Ownership Affect Corporate Tax Planning? [J]. Journal of Accounting and Economics, 67 (2-3): 278-296.

Chen T, Dong H, Lin C, 2020. Institutional Shareholders and Corporate Social Responsibility [J]. Journal of Financial Economics, 135 (2): 483-504.

Chen Y F, Lin F L, Yang S Y, 2015. Does Institutional Short-termism Matter with Managerial Myopia [J]? Journal of Business Research, 68 (4): 845-850.

Cheng B, Ioannou I, Serafeim G, 2014. Corporate Social Responsibility and Access to Finance [J]. Strategic Management Journal, 35 (1): 1-23.

Cheng C, Chu Y, Deng Z et al., 2022. Venture Capital and Corporate Social Responsibility [J]. Journal of Corporate Finance, 75 (July 2021): 102208.

Cheng CSA, Huang HH, Li Y et al., 2010. Institutional Monitoring through Shareholder Litigation [J]. Journal of financial economics, 95 (3): 356-383.

Cheng S, 2004. R&D Expenditures and CEO Compensation [J]. The Accounting Review, 79 (2): 305-328.

Cheng X, Wang H, Wang X, 2022. Common Institutional Ownership and Corporate Social Responsibility [J]. Journal of Banking and Finance, 136:

106218.

Chi J, Liao J, Yang J, 2019. Institutional Stock Ownership and Firm Innovation: Evidence from China [J]. Journal of Multinational Financial Management, 50: 44-57.

Chung K H, Zhang H, 2011. Corporate Governance and Institutional Ownership [J]. Journal of financial and quantitative analysis, 46 (1): 247-273.

Chung R, Firth M, Kim J B, 2002. Institutional Monitoring and Opportunistic Earnings Management [J]. Journal of corporate finance, 8 (1): 29-48.

Cleary S, 1999. The Relationship between Firm Investment and Financial Status [J]. The journal of finance, 54 (2): 673-692.

Coffee J, 1991. C. Liquidity versus Control: The Institutional Investors as Corporate Monitor [J]. Columbia Law Review, 91 (6): 1277-1368.

Cowen S S, Ferreri L B, Parker L D, 1987. The Impact of Corporate Characteristics on Social Responsibility Disclosure: a Typology and Frequency-Based Analysis [J]. Accounting, Organizations and Society, 12 (2): 111-122.

Crane A D, Michenaud S, Weston J P, 2016. The Effect of Institutional Ownership on Payout Policy: Evidence from INDEX Thresholds [J]. Review of Financial Studies, 29 (6): 1377-1408.

Cremers M, Pareek A, Sautner Z, 2000. Short-Term Investors, Long-Term Investments, and Firm Value: Evidence from Russell 2000 INDEX Inclusions [J]. Management Science, 66 (10): 4535-4551.

Cronqvist H, Yu F, 2017. Shaped by Their Daughters: Executives, Female Socialization, and Corporate Social Responsibility [J]. Journal of Financial Economics, 126 (3): 543-562.

Deng X, Kang J, Low B S, 2013. Corporate Social Responsibility and Stakeholder Value Maximization: Evidence from Mergers [J]. Journal of Financial Economics, 110 (1): 87-109.

Di Giuli A, Kostovetsky L, 2014. Are Red or Blue Companies More Likely to Go Green? Politics and Corporate Social Responsibility [J]. Journal of Financial Economics, 111 (1): 158-180.

Dong T, Eugster F, Vazquez A, 2022. Passive Investors and Audit Quality: Evidence from the U. S. [J]. European Accounting Review, 2022: 1-29.

Dyck A, Lins K V, Roth L et al., 2019. Do Institutional Investors Drive Corporate Social Responsibility? International Evidence [J]. Journal of Financial Economics, 131 (3): 693-714.

Erhemjamts O, Huang K, 2019. Institutional Ownership Horizon, Corporate Social Responsibility and Shareholder Value [J]. Journal of Business Research, 105: 61-79.

Ertimur Y, Ferri F, Stubben S R, 2010. Board of Directors' Responsiveness to Shareholders: Evidence from Shareholder Proposals [J]. Journal of corporate finance, 16 (1): 53-72.

Faccio M, Marchica M T, Mura R, 2016. Ceo Gender, Corporate Risk-Taking, and the Efficiency of Capital Allocation [J]. Journal of Corporate Finance, 39: 193-209.

Fang V W, Tian X, Tice S, 2014. Does Stock Liquidity Enhance or Impede Firm Innovation? [J]. The Journal of finance, 69 (5): 2085-2125.

Farizo J D, 2022. (Black) Rock the Vote: INDEX Funds and Opposition to Management [J]. Journal of Corporate Finance, 76 (March 2021): 102247.

Farooqi J, Jory S, Ngo T, 2020. Active Fund Managers and Earnings Management at Portfolio Companies [J]. Review of Accounting and Finance, 19 (1): 48-82.

Ferreira M A, Matos P, 2008. The Colors of Investors' Money: the Role of Institutional Investors around the World [J]. Journal of Financial economics, 88 (3): 499-533.

Fisch J E, Hamdani A, Solomon S D, 2019. The New Titans of Wall Street: A Theoretical Framework for Passive Investors [J]. University of Pennsylvania Law Review, 168: 17-72.

Flammer C, 2015. Does Corporate Social Responsibility Lead to Superior Financial Performance? a Regression Discontinuity AppROAch [J]. Management Science, 61 (11): 2549-2568.

Fu L, Pan L, Wu F, 2021. Does Passive Investment Have a Positive Governance Effect? Evidence from INDEX Funds Ownership and Corporate Innovation [J]. International Review of Economics and Finance, 75: 524-545.

Fu L, Pan L, Zhao J, 2023. Can Passive Investors Improve Corporate Social Responsibility? Evidence from Chinese Listed Firms [J]. Emerging Markets Finance and Trade, 59 (2): 404-419.

Gantchev N, Gredil O R, Jotikasthira C, 2019. Governance under the Gun: Spillover Effects of Hedge Fund Activism [J]. Review of Finance, 23 (6): 1031-1068.

Gillan S L, Starks L T, 2000. Corporate Governance Proposals and Shareholder Activism: the Role of Institutional Investors [J]. Journal of financial Economics, 57 (2): 275-305.

Gloßner S, 2019. Investor Horizons, Long-Term Blockholders, and Corporate Social Responsibility [J]. Journal of Banking and Finance, 103: 78-97.

Glosten L, Nallareddy S, Zou Y, 2020. ETF Activity and Informational Efficiency of Underlying Securities [J]. Management Science, Articles in Advance, 2020: 1-26.

Graham J R, 2005. , Harvey C R., Rajgopal S. The Economic Implications of Corporate Financial Reporting [J]. Journal of Accounting and Economics, 40 (1-3): 3-73.

Graves S B, Waddock S A, 1990. Institutional Ownership and Control: Implications for Long-Term Corporate Strategy [J]. Academy of Management Perspectives, 4 (1): 75-83.

Greenwood R, Scharfstein D, 2013. The Growth of Finance [J]. Journal of Economic perspectives, 27 (2): 3-28.

Griffin P A, Neururer T, Sun E Y, 2020. Environmental Performance and Analyst Information Processing Costs [J]. Journal of Corporate Finance, 61.

Grossman S J, Hart O D, 1980. Takeover Bids, the Free-rider Problem, and the Theory of the Corporation [J]. The Bell Journal of Economics, 1980: 42-64.

Hamdani A, Yafeh Y, 2013. Institutional Investors as Minority Shareholders [J]. Review of Finance, 17 (2): 691-725.

Harford J, Kaul A, 2005. Correlated Order Flow: Pervasiveness, Sources, and Pricing Effects [J]. Journal of Financial and Quantitative Analysis, 40 (1): 29-55.

Harford J, Kecskés A, Mansi S, 2018. Do Long-Term Investors Improve Corporate Decision Making [J]? Journal of Corporate Finance, 50: 424-452.

Harjoto M, Jo H, Kim Y, 2017. Is Institutional Ownership Related to Corporate Social Responsibility? the Nonlinear Relation and Its Implication for Stock Return Volatility [J]. Journal of Business Ethics, 146 (1): 77-109.

Hartzell J C, Starks L T, 2003. Institutional Investors and Executive Compensation [J]. The journal of finance, 58 (6): 2351-2374.

He J J, Tian X, 2013. The Dark Side of Analyst Coverage: the Case of Innovation [J]. Journal of Financial Economics, 109 (3): 856-878.

Heath D, Macciocchi D, Michaely R et al., 2021. Do INDEX Funds Monitor? [J]. The Review of Financial Studies, 00: 1-41.

Hill C W L, Jones T M, 1992. Stakeholder-gency Theory [J]. Journal of management studies, 29 (2): 131-154.

Hong H, Kacperczyk M, 2009. The Price of Sin: the Effects of Social Norms on Markets [J]. Journal of Financial Economics, 93 (1): 15-36.

Hshieh S, Li J, Tang Y, 2021. How Do Passive Funds Act as Active Owners? Evidence from Mutual Fund Voting Records [J]. Journal of Corporate Finance, 66: 101692.

Hu A G, Jefferson G H, 2009. A Great Wall of Patents: What Is behind China's Recent Patent Explosion? [J]. Journal of Development Economics, 90 (1): 57-68.

Iliev P, Kalodimos J, Lowry M, 2021. Investors' Attention to Corporate Governance [J]. Review of Financial Studies, 34 (12): 5581-5628.

Iliev P, Lowry M, 2015. Are Mutual Funds Active Voters? [J]. Review of Financial Studies, 28 (2): 446-485.

Israeli D, Lee C M C, Sridharan S A, 2017. Is There a Dark Side to Exchange Traded Funds? An Information Perspective [J]. Review of Accounting Studies, 22: 1048-1083.

Jarrell G A, Poulsen A B, 1980. Shark Repellents and Stock Prices: The Effects of Antitakeover Amendments Since 1980 [J]. Journal of Financial Economics, 19 (1): 127-168.

Jha A, Cox J, 2015. Corporate Social Responsibility and Social Capital

[J]. Journal of Banking & Finance, 60: 252-270.

Jiang X, Yuan Q, 2018. Institutional Investors' Corporate Site Visits and Corporate Innovation [J]. Journal of Corporate Finance, 48 (71602197): 148 -168.

Jo H, 2014. , Harjoto M. Analyst Coverage, Corporate Social Responsibility, and Firm Risk [J]. Business Ethics, 23 (3): 272-292.

Kahn C, Winton A, 1998. Ownership Structure, Speculation, and Shareholder Intervention [J]. The Journal of Finance, 53 (1): 99-129.

Kamara A, Lou X, Sadka R, 2008. The Divergence of Liquidity Commonality in the Cross-section of Stocks [J]. Journal of Financial Economics, 89 (3): 444-466.

Kang J K, 2018. , Luo J., Na H S. Are Institutional Investors with Multiple Blockholdings Effective Monitors? [J]. Journal of Financial Economics, 128 (3): 576-602.

Kim H D, Kim T, Kim Y, Park K, 2019. Do Long-term Institutional Investors Promote Corporate Social Responsibility Activities? [J]. Journal of Banking & Finance, 101: 256-269.

Kim H D, Kim Y, Mantecon T, 2019. Short-term Institutional Investors and Agency Costs of Debt [J]. Journal of Business Research, 95: 195-210.

Kim I, Wan H, Wang B et al., 2019. Institutional Investors and Corporate Environmental, Social, and Governance Policies: Evidence from Toxics Release Data [J]. Management Science, 65 (10): 4901-4926.

Kim Y, Li H, Li S, 2014. Corporate Social Responsibility and Stock Price Crash Risk [J]. Journal of Banking & Finance, 43: 1-13.

Koh P S, 2007. Institutional Investor Type, Earnings Management and Benchmark Beaters [J]. Journal of Accounting and Public Policy, 26 (3): 267-299.

Krouse S, Benoit D, McGinty T, 2016. Meet the New Corporate Governance Power Brokers: Passive Investors[N/OL]. The Wall Street Journal, (2016 -10-24) [2023-02-10].https://www.fnlondon.com/articles/passive-investors -new-corporate-power-brokers-20161025.

Lewellen J, Lewellen K, 2022. Institutional Investors and Corporate Governance: The Incentive to Be Engaged [J]. Journal of Finance, 77 (1): 213–264.

Li Z, Wang P, Wu T, 2021. Do Foreign Institutional Investors Drive Corporate Social Responsibility? Evidence from Listed Firms in China [J]. Journal of Business Finance and Accounting, 48 (1–2): 338–373.

Liang H, Renneboog L, 2017. On the Foundations of Corporate Social Responsibility [J]. The Journal of Finance, 72 (2): 853–910.

Lin C, Lin P, Song F, 2010. Property Rights Protection and Corporate R&D: Evidence from China [J]. Journal of Development Economics, 93 (1): 49–62.

Lin C, Liu S, Manso G, 2021. Shareholder Litigation and Corporate Innovation [J]. Management Science, 67 (6): 3346–3367.

Lin K J, Tan J, Zhao L et al., 2015. In the Name of Charity: Political Connections and Strategic Corporate Social Responsibility in a Transition Economy [J]. Journal of Corporate Finance, 32: 327–346.

Luong H, Moshirian F, Nguyen L et al., 2017. How Do Foreign Institutional Investors Enhance Firm Innovation? [J]. Journal of Financial and Quantitative Analysis, 52 (4): 1449–1490.

Masulis R W, Reza S W, 2015. Agency Problems of Corporate Philanthropy [J]. The Review of Financial Studies, 28 (2): 592–636.

McCahery J A, Sautner Z, Starks L T, 2016. Behind the Scenes: the Corporate Governance Preferences of Institutional Investors [J]. The Journal of Finance, 71 (6): 2905–2932.

McGuinness P B, Vieito J P, Wang M, 2017. The Role of Board Gender and Foreign Ownership in the Csr Performance of Chinese Listed Firms [J]. Journal of Corporate Finance, 42: 75–99.

McWilliams A, Siegel D S, 2011. Creating and Capturing Value: Strategic Corporate Social Responsibility, ResourcE-based Theory, and Sustainable Competitive Advantage [J]. Journal of Management, 37 (5): 1480–1495.

McWilliams A, Siegel D, 2001. Corporate Social Responsibility: a Theory of the Firm Perspective [J]. Academy of Management Review, 26 (1): 117–127.

Meckling W H, Jensen M C, 1976. Theory of the Firm: Managerial Behavior, Agency Costs and Ownership Structure [J]. Journal of Financial Economics, 3 (4): 305-360.

Megginson W L, 2005. The Financial Economics of Privatization [M]. Oxford University Press on Demand, 2005.

Monks, Bob, and Nell Minow, 1995. Corporate Governance [M]. Wiley, 1995.

Neubaum D O, Zahra S A, 2006. Institutional Ownership and Corporate Social Performance: The Moderating Effects of Investment Horizon, Activism, and Coordination [J]. Journal of Management, 32 (1): 108-131.

Oh W Y, Chang Y K, Martynov A, 2011. The Effect of Ownership Structure on Corporate Social Responsibility: Empirical Evidence from Korea [J]. Journal of business ethics, 104 (2): 283-297.

Peloza J, Shang J, 2011. How Can Corporate Social Responsibility Activities Create Value for Stakeholders? A Systematic Review [J]. Journal of the academy of Marketing Science, 39 (1): 117-135.

Porter M E, 1992. Capital Disadvantage: America's Failing Capital Investment System [J]. Harvard business review, 70 (5): 65-82.

Rong Z, Wu X, Boeing P, 2017. The Effect of Institutional Ownership on Firm Innovation: Evidence from Chinese Listed Firms [J]. Research Policy, 46 (9): 1533-1551.

Sakaki H, Jory S R, 2019. Institutional Investors' Ownership Stability and Firms' Innovation [J]. Journal of Business Research, 103: 10-22.

Schmidt C, Fahlenbrach R, 2017. Do Exogenous Changes in Passive Institutional Ownership Affect Corporate Governance and Firm Value? [J]. Journal of Financial Economics, 124 (2): 285-306.

Schoenfeld J, 2017. The Effect of Voluntary Disclosure on Stock Liquidity: New Evidence from INDEX Funds [J]. Journal of Accounting and Economics, 63 (1): 51-74.

Shane P B, Spicer B H, 1983. Market Response to Environmental Information Produced outside the Firm [J]. Accounting Review, 1983: 521-538.

Shleifer A, Vishny R W, 1986. Large Shareholders and Corporate Control

[J]. Journal of Political Economy, 94 (3): 461–488.

Smith M P, 1996. Shareholder Activism by Institutional Investors: Evidence from CalPERS [J]. Journal of Finance, 51 (1): 227–252.

Solomon J, Solomon A, Park C Y, 2002. A Conceptual Framework for Corporate Governance Reform in South Korea [J]. Corporate governance: An international review, 10 (1): 29–46.

Stambaugh R F, 2014. Presidential Address: Investment Noise and Trends [J]. The Journal of Finance, 69 (4): 1415–1453.

Sullivan R N, Xiong J X, 2012. How INDEX Trading Increases Market Vulnerability [J]. Financial Analysts Journal, 68 (2): 70–84.

Sun Y, 2021. INDEX Fund Entry and Financial Product Market Competition [J]. Management Science, 67 (1): 500–523.

Tian X, Wang T Y, 2014. Tolerance for Failure and Corporate Innovation [J]. The Review of Financial Studies, 27 (1): 211–255.

Titman S, 1984. The Effect of Capital Structure on a Firm's Liquidation Decision [J]. Journal of financial economics, 13 (1): 137–151.

Udayasankar K, 2008. Corporate Social Responsibility and Firm Size [J]. Journal of Business Ethics, 83 (2): 167–175.

Unsal O, Rayfield B, 2019. Institutional Investors and Medical Innovation [J]. The Quarterly Review of Economics and Finance, 74: 190–205.

Waddock S A, Graves S B, 1997. The Corporate Social Performance–Financial Performance Link [J]. Strategic Management Journal, 18 (4): 303–319.

Wahal S, McConnell J J, 2000. Do Institutional Investors Exacerbate Managerial Myopia? [J]. Journal of Corporate Finance, 6 (3): 307–329.

Wahal S, 1996. Pension Fund Activism and Firm Performance [J]. The Journal of Financial and Quantitative Analysis, 31 (1): 1–23.

Xia H, 2014. Can Investor-Paid Credit Rating Agencies Improve the Information Quality of Issuer-Paid Rating Agenciesα [J]. Journal of Financial Economics, 111 (2): 450–468.

Xu X, Wang C, Cheng S, 2015. Myopic Investor or Active Monitor? the Role of Institutional Investors in Corporate Innovation [J]. International Journal of Financial Research, 6 (2): 23-32.

Zhang M, Tong L, Su J et al., 2015. Analyst Coverage and Corporate Social Performance: Evidence from China [J]. Pacific Basin Finance Journal, 32: 76-94.

Zhong R I, 2018. Transparency and Firm Innovation [J]. Journal of Accounting and Economics, 66 (1): 67-93.